लोकतन्त्र और मीडिया :
चुनौतियाँ एवं समाधान

लोकतन्त्र और मीडिया : चुनौतियाँ एवं समाधान

डॉ० नीरज खत्री

KALPAZ

लोकतन्त्र और मीडिया : चुनौतियाँ एवं समाधान

ISBN : 978-93-5128-013-2

मूल्य : रु. 490

भारत में सन् 2013 में प्रकाशित
कल्पाज़ पब्लिकेशन्स,
सी-30, सत्यवती नगर,
दिल्ली - 110052
Phone : 9212142040
ई-मेल : kalpaz@hotmail.com

टंकण : शाह कंप्यूटर ग्राफिक्स
मुद्रित : चावला ऑफसेट प्रिंटर्स, दिल्ली

'माँ'

और

'पिताजी'

को समर्पित।

संरक्षक

श्री पवन जैन
चेयरमैन, बोर्ड ऑफ गवर्नर्स,
मंगलायतन विश्वविद्यालय

प्रो. एस.सी. जैन
वाइस–चांसलर,
मंगलायतन विश्वविद्यालय

श्री मोहन लखमराजू
वाइस–चेयरमैन, बोर्ड ऑफ गवर्नर्स,
मंगलायतन विश्वविद्यालय

श्री कार्तिक गोपालन
वाइस–प्रेसिडेन्ट, आपरेशन्स,
मंगलायतन विश्वविद्यालय

अनुक्रम

आभार

यह पुस्तक आपके सामने प्रस्तुत करते हुए मुझे अपार हर्ष एवं गर्व का अनुभव हो रहा है। यदि इस पुस्तक का प्रारूप संभव हो पाया है तो इसका श्रेय प्रो. गिरिजा शंकर शर्मा को जाता है, जिनकी प्रेरणा एवं सुझावों ने इस पुस्तक को मूर्त रूप प्रदान किया।

यह पुस्तक लोकतांत्रिक व्यवस्था को चुनौती देने वाली गतिविधियों एवं वर्तमान समाज में मीडिया की भूमिका के ऊपर किए गए विभिन्न शोधों पर आधारित है। विभिन्न विश्वविद्यालयों के मीडिया विभाग के अध्यापकों एवं शोद्यार्थियों द्वारा किए गए शोध कार्यों को इस पुस्तक में समाहित किया गया है। जिसके लिए मैं उनका आभार व्यक्त करता हूँ। मैं यह कैसे भूल सकता हूँ कि विश्वविद्यालय के कुलपति प्रो. सतीश चंद्र जैन ने विशेष रूचि लेते हुए इस पुस्तक को प्रकाशित करने के लिए अपनी सहमति प्रदान की। इसके साथ ही जनसंचार संस्थान के अध्यक्ष श्री हेमंत अग्रवाल की पुस्तक के प्रति रूचि ने मुझे इस पुस्तक के संपादन के लिए प्रेरणा प्रदान की।

हिमाचल प्रदेश विश्वविद्यालय की पत्रकारिता एवं जनसंचार विभाग की अध्यक्षा प्रो. बीरबाला अग्रवाल के निरंतर मिलते रहे आशीर्वाद के लिए मैं उनका सदैव ऋणी रहूँगा। प्रो. देवेश किशोर एवं प्रो. प्रदीप माथुर से निरंतर मिलते रहे सुझाव एवं सहयोग मुझे मेरी मंजिल तक पहुँचने में मददगार साबित होते रहे हैं, इसके लिए मैं उनका आभार व्यक्त करता हूँ। इस पुस्तक के प्रारूप को अंतिम रूप देने में श्री अजय होल्कर एवं श्री जय प्रकाश राय का योगदान अमूल्य रहा जिनका आभार शब्दों में व्यक्त नहीं किया जा सकता।

अंत में मैं अपने पिता श्री राजकुमार खत्री एवं माँ श्रीमती शशि खत्री के सतत प्रयत्नो को याद करना चाहूँगा जिनके अमूल्य योगदान का प्रतिफल यह पुस्तक है। साथ ही भाई पंकज खत्री के प्रेरणादायी शब्द मुझे मेरे कार्य के लिए प्रोत्साहित करते रहे तथा पत्नी श्रीमती प्रिया खत्री का निरंतर सहयोग मुझे इस पुस्तक को पूरा करने के लिए सम्बल प्रदान करता रहा है।

फरवरी 25, 2012 नीरज खत्री

आमुख

विश्व में जितनी भी शासन व्यवस्थाएँ हैं, उनमें लोकतंत्र की सर्वोपरिता किसी से छिपी नहीं है। यही कारण है कि जिन देशों के नागरिक अभी तक लोकतांत्रिक अधिकारों से वंचित हैं वहाँ भी धीरे–धीरे जनाकांक्षाएँ अंगड़ाई लेती दिखाई देती हैं। वास्तव में लोकतंत्र में सर्वोच्च सत्ता संपूर्ण जनता में निहित होती है। यानी लोकतंत्र में जनता ही सर्वोपरि है। स्पष्ट है कि यदि लोकतांत्रिक शासन व्यवस्था में जनता सर्वोपरि है तो शासक गण जनता की भावनाओं की उपेक्षा नहीं कर सकते।

लोकतंत्र में मीडिया की जिम्मेदारी भी बढ़ जाती है। शासन की नीतियों, शासक के कार्यों एवं आम नागरिकों की भावनाओं को परिलक्षित करने में मीडिया की भूमिका निःसंदेह महत्वपूर्ण है। नयी प्रौद्योगिकी ने मीडिया के प्रभाव क्षेत्र को और बढ़ा दिया है। आवश्यकता इस बात को परखने की भी है कि मीडिया अपनी भूमिका कितनी जिम्मेदारी से निभा रहा है।

हाल ही में घटित कुछ घटनाओं के परिप्रेक्ष्य में यह सर्वथा प्रासंगिक ही होगा कि लोकतांत्रिक व्यवस्था में जनभावनाओं के प्रभाव और मीडिया की भूमिका का विश्लेषण किया जाए। मंगलायतन विश्वविद्यालय की इंस्टीच्यूट ऑफ जर्नलिज्म एण्ड मास कम्यूनिकेशन द्वारा 'नागरिक चुनौतियाँ, लोकतंत्र और मीडिया' (Give Challenges, Democracy and Media) विषय पर आयोजित दो दिवसीय अंतरराष्ट्रीय सम्मेलन इसी दिशा में एक प्रयास है। हर्ष का विषय यह है कि सम्मेलन में प्रस्तुत कुछ महत्वपूर्ण प्रपत्रों को पुस्तक के रूप में प्रस्तुत किया जा रहा है। आशा की जानी चाहिए कि यह संपूर्ण प्रयास हमारे विवेकशील विचारकों को इस विषय के विभिन्न बिंदुओं पर गहन चिंतन के लिए आधार भूमि प्रदान करेगा।

–सतीश चंद्र जैन

वाइस–चांसलर,

मंगलायतन विश्वविद्यालय

1

लोकतांत्रिक व्यवस्था और प्रेस की भूमिका

प्रो. संजीव भानावत

साहित्य की भाँति पत्रकारिता भी समाज की विभिन्न गतिविधियों का दर्पण है। 'समसामयिक घटनाचक्र का शीघ्रता में लिखा गया इतिहास' पत्रकारिता कहा जाता है। समाचारों के संकलन और उनके प्रस्तुतीकरण के प्रारंभिक स्तर से लेकर आज तक पत्रकारिता के स्वरूप में क्रांतिकारी परिवर्तन हुए हैं। आज पत्रकारिता सूचनाओं और समाचारों का संकलन मात्र न होकर मानव जीवन के व्यापक परिदृश्य को अपने में समेटे हुए है। वह शाश्वत नैतिक–सांस्कृतिक मूल्यों को समसामयिक घटनाक्रम की कसौटी पर कसने का साधन बन गई है। ज्ञान–विज्ञान, साहित्य–संस्कृति, आशा–निराशा, संघर्ष–क्रांति, जय–पराजय, उत्थान–पतन आदि जीवन की विविध भाव–भूमियों की मनोहारी एवं यथार्थ छवि हम युगीन पत्रकारिता के दर्पण में देख सकते हैं।

पत्रकारिता एक अत्यंत व्यापक शब्द है। इसमें दैनिक समाचार–पत्रों से लेकर साप्ताहिक, पाक्षिक, अर्द्धवार्षिक, वार्षिक आदि सभी पत्रिकाएँ तथा रेडियो, टेलीविजन, जनसंपर्क व जनसंचार से संबंधित विभिन्न विधाएँ भी आ जाती हैं। जिज्ञासा की प्रवृत्ति मनुष्य में प्रारंभ से ही रही है। अब वह न सिर्फ अपने आस–पास के परिवेश से ही परिचित होना चाहता है वरन् दुनिया के

दूसरे क्षेत्रों में क्या घटित हो रहा है– वह भी जानना चाहता है। सारी दुनिया मानो सिमट कर एक जगह केंद्रित हो जाना चाहती है।

पत्रकारिता के श्रीगणेश का मूल कारण मानव की यही जिज्ञासा–वृत्ति रही है। समस्त संसार के दैनंदिन घटनाक्रम से मनुष्य को यथाशीघ्र परिचित कराने के प्रयासों की होड़ में पत्रकारिता अपने विविध रूपों में विकास करने लगी। इन सबमें सबसे सशक्त माध्यम के रूप में मुद्रित समाचार–पत्र विकसित हुआ। तभी तो कहा गया है–

खींचो न तलवार, न कमान निकालो।
जब तोप मुकाबिल हो तो अखबार निकालो।।

पत्रकारिता अपनी बहुमुखी प्रवृत्तियों के कारण समग्र मानव–जीवन को गहराई से प्रभावित करती है। महात्मा गांधी के शब्दों में 'समाचार–पत्र का एक उद्देश्य जनता की इच्छाओं–विचारों को समझना और उन्हें व्यक्त करना है, दूसरा उद्देश्य जनता में वांछनीय भावनाओं को जागृत करना और तीसरा उद्देश्य सार्वजनिक दोषों को निर्भयतापूर्वक प्रकट करना है'।

गांधीजी के इस कथन में पत्रकारिता की सामाजिक भूमिका की स्पष्ट झलक देखने को मिलती है। पत्रकारिता देश की जनता की चित्रवृत्तियों अनुभूतियों और आत्मा से साक्षात्कार करती हुई मानव मात्र को 'जीने की कला' सिखाती है। सत्य की खोज में रत रहते हुए समाज में उदात्त मूल्यों की स्थापना की दिशा में पत्रकारिता की भूमिका विशेष रूप से उल्लेखनीय है।

स्वाधीनता संग्राम और पत्रकारिता–

पत्रकारिता और पत्रकार में जीवन के नानाविध संघर्षों को झेलने की अद्भुत शक्ति होती है। पत्रकार क्रांतिकारी मूल्यों का सर्जक होता है। उसकी जागरूकता एवं रचनाधर्मिता ने इतिहास निर्माण की दिशा में तथा समाज–रचना के क्षेत्र में महत्वपूर्ण कार्य किया है। भारतीय स्वाधीनता संग्राम में पत्रकारों का योगदान अनूठा रहा है। सुदृढ़ वैचारिक धरातल पर लड़ी गई लड़ाई कभी निष्फल नहीं जाती। यही स्थिति हमारे स्वाधीनता आंदोलन की रही। वस्तुतः हिंदी पत्रकारिता का जन्म ही देश–भक्ति और राष्ट्रीयता

के उन्मेष में हुआ। ब्रिटिश सरकार की दमनपूर्ण नीति, सरकारी संरक्षण तथा प्रोत्साहन का अभाव, आर्थिक संकट, प्रचार–प्रसार के सीमित साधन तथा ग्राहकों की कम संख्या, इन विषम परिस्थितियों में भी तत्कालीन पत्रकारों तथा पत्रकारिता ने अपनी शक्ति और आस्था के स्त्रोत ढूँढ़े। स्वराज्य प्राप्ति, राष्ट्र–सेवा तथा जन–रूचि के परिष्करण के महान लक्ष्य के प्रति समर्पित पत्रकारिता ने आजादी की लड़ाई में प्राणवायु संचारित की और उसका परिणाम था स्वाधीन भारत के स्वप्न का साकार होना। राष्ट्रवाद और देश प्रेम की उदात्त भावना ही भारत में पत्रकारिता के उद्‌भव एवं विकास का कारण बनी।

आजादी के इस संग्राम में पत्रों की एक लंबी श्रृंखला है जिसने जन–जन में आजादी की ललक जागृत की। संघर्ष, तप, त्याग और बलिदान के इस युग में पयामे आजादी, भरत मित्र, उचित वक्ता, हिंदी प्रदीप, ब्राह्मण, हिन्दोस्तान, सन्धया, युगान्तर, वन्दे मातरम्, स्वदेशी, केसरी, मराठा, कर्मयोगी, प्रताप, यंग इण्डिया, नवजीवन, हरिजन, आज, कर्मवीर, सैनिक आदि अनेक ऐसे पत्रों का प्रक़ाशन हुआ जिन्होंने सामाजिक राजनीतिक चेतना के स्वरों का शंखनाद करते हुए आजादी की मशाल को जलाए रखा। कलम की शक्ति का लोहा साधन सम्पन्न ब्रिटिश साम्राज्य को भी स्वीकार करना पडा।

सामाजिक जागरण और पत्रकारिता

पत्रकारिता वस्तुतः 'जनता' की अभिव्यक्ति है। अतः उसे जनकल्याण तथा जन विचारधारा का प्रतिनिधि बनाना होगा। समाज को सशक्त नेतृत्व देते हुए निराश और थके–माँदे जीवन में उत्साह तथा विश्वास का सम्बल प्रदान करना होगा। समाज के रचनात्मक विकास को प्रोत्साहन देते हुए विभिन्न धर्मों, जातियों एवं संस्कृतियों की विकास–यात्रा को अंकित करते हुए सामाजिक–सांस्कृतिक एकता की दिशा में वर्तमान पत्रकारिता को विशेष रूप से अग्रसित होना होगा।

भारतीय नव जागरण के अग्रदूत राजाराममोहन राय ने 'मिरातुल अखबार', 'संवाद कौमुदी' 'बंगदूत' आदि पत्रों के माध्यम से सर्वप्रथम सामाजिक आदर्शों की प्राप्ति की दिशा में प्रयास किया। भारतेंदु ने हिंदी पत्रकारिता में क्रांतिकारी परिवर्तन की सूचना दी। इस युग की पत्रकारिता ने जिस सुधारवादी स्वर को गुंजित किया वह द्विवेदी युग तक और अधिक

प्रखर होता चला गया। राष्ट्रीयता के साथ–साथ समाज–सुधार की भावना के लक्ष्य से प्रेरित पत्रकारिता इस युग की विशिष्टता है।

वर्तमान युग विज्ञान का युग है। विज्ञान एवं तकनीक के विकास ने हमारी सामाजिक मान्यताओं में भी जबर्दस्त परिवर्तन ला दिया है। इन परिस्थितियों के साथ हमें भी ढलना होगा। ऐसी परिस्थिति में पत्रकारिता का यह दायित्व हो जाता है कि वह समाज के स्वस्थ–विकास में अपना योगदान दे। हमारे समाज के कुछ वर्ग अभी तक ऐसी दूषित परंपराओं के जाल में जकड़े हुए हैं जो उनके विकास एवं प्रगति में बाधक बनी हुई हैं। दहेज जैसी कुप्रथा को हम आज तक भी नहीं मिटा पाये हैं। ऐसी ही अन्य कुप्रथाओं के खिलाफ पत्रकारिता एक वातावरण तैयार करने में सक्षम है तथा सशक्त जन–आंदोलन की मूल प्रेरणा के रूप में उभर कर समाज में स्वच्छता एवं नैतिकता को प्रोत्साहन दे सकती है। बाल विवाह, सतीप्रथा, कन्या भ्रूण हत्या आदि ऐसी ही सामजिक कुरीतियाँ हैं जिनके खिलाफ जन चेतना को जागृत करने में पत्र–पत्रिकाओं ने महती भूमिका निभाई है। परिवर्तन की प्रक्रिया अत्यंत धीमी होती है। इसके लिए सतत तथा प्रभावी अभियान की आवश्यकता होती है।

राजनीतिक जागरण और पत्रकारिता

समाचार–पत्र आधुनिक युग में 'विचार पत्र' के रूप में विकसित होते जा रहे हैं। समाज एवं राष्ट्र की संपूर्ण गतिविधियों की झलक हम पत्रकारिता के दर्पण में स्पष्ट रूप से देख सकते हैं। पत्रकारिता 'जन' की अभिव्यक्ति है। जनमत को अभिव्यक्त करने तथा जनमत को निर्मित एवं निर्देशित करने में इसकी विशेष भूमिका है। लोकतांत्रिक जीवन मूल्यों की प्रतिष्ठा में पत्रकारिता का योगदान अप्रतिम है। शासक एवं शासित के मध्य संवाद का कार्य पत्रकारिता करती है। सरकार की नीतियों को जन–जन तक प्रचारित करने तथा जनता का उन नीतियों के क्रियान्वयन में सहयोग लेना–पत्रकारिता की सही भूमिका पर ही निर्भर है।

जिस प्रकार संसद में राष्ट्रीय विकास एवं जन–समस्याओं के संदर्भ में समय–समय पर चर्चा होती रहती है, उसी प्रकार समाचार–पत्र संसद व विधानसभाओं के सत्र नहीं चलने पर भी प्रतिदिन इस प्रकार की चर्चाएँ करते

रहते हैं। जन समस्याओं को सशक्तता के साथ अभिव्यक्त करने तथा उनके निराकरण हेतु तत्परता और तड़पन व्यंजित करते रहते हैं। समाचार–पत्रों को 'संसद का स्थायी अधिवेशन' भी कहा जाता है। जन अधिकारों की रक्षा की दिशा में तथा आम आदमी की मूक वेदनाओं को अभिव्यक्ति देते हुए उनके स्वप्नों में भी रंग भरने का सराहनीय कार्य पत्रकारों ने किया है।

सांस्कृतिक जागरण और पत्रकारिता

पत्रकार कलम का धनी होता है। वह कलम से जहाँ निर्माण का आह्वान कर सकता है, वहीं विद्रोह की अग्नि भी प्रज्वलित कर सकता है। समाज को वह विकास के सुनहरे उद्यान में ले जा सकता है तो दूसरी ओर विनाश के गर्त में भी धकेल सकता है। यदि वह राष्ट्रीय चरित्र–निर्माण में योगदान दे सकता है तो चरित्र हनन तथा सनसनीपूर्ण पत्रकारिता में लिप्त होकर नैतिक मूल्यों के समक्ष ही प्रश्न चिह्न लगा सकता है। सस्ती लोकप्रियता एवं व्यावसायिकता के चक्कर में लोकमत की उपेक्षा करते हुए ऐसे पत्रकार समाज को सांस्कृतिक विघटन की ओर भी ले जा सकते हैं। इस प्रकार की विंध्वसात्मक प्रवृति से पत्रकारों को दूर रहकर यह सोचना चाहिए कि 'पत्रकारिता की शिक्षा नये समाज के विद्यार्थियों और नागरिकों का आधारभूत सांस्कृतिक उपकरण है'

पत्रकारिता अतीत के प्रति गौरव भाव जागृत करते हुए वर्तमान की विषमता का विश्लेषण करते हुए सुनहरे भविष्य का स्वप्न दिखाती है। भारतीय स्वतंत्रता संग्राम के दौरान पत्रकारिता ने ही भारतीय संस्कृति के प्रति आस्था एवं विश्वास व्यक्त करते हुए आंदोलन को सांस्कृतिक आधार प्रदान किया। अपनी सांस्कृतिक परम्पराओं से कटकर हम समाज को स्थायित्व नहीं दे सकते और न हीं उसे एक सूत्र में बाँध सकते हैं।

रचनात्मक दृष्टिकोण अपनाएँ

वर्तमान पत्रकारिता अपने महान एवं पवित्र उद्देश्य के प्रति पूरी ईमानदारी से समर्पित है– इसमें संदेह नहीं। किंतु कुछ पत्र–पत्रिकाएँ उद्धात्त यौन भावनाओं को उकसाने तथा अपराधवृतियों के प्रदर्शन को प्रश्रय देने लगी हैं। इस प्रवृत्ति पर अंकुश लगाना समाजहित में ही होगा। पत्रकारिता को

रचनात्मक दृष्टिकोण अपनाकर समाज के नव निर्माण में अपनी सजीव–सक्रिय भागीदारी निभानी होगी। अपनी 'आत्मकथा' में गांधीजी के ये उदगार बहुत सटीक प्रतीत होते हैं–

"समाचार–पत्र एक प्रचंड शक्ति है, परंतु जिस प्रकार निरंकुश जल का प्रचंड प्रवाह गाँव के गाँव डुबो देता है और सारी फसल का नाश कर देता है, उसी प्रकार निरंकुश लेखनी का प्रवाह भी सर्वनाश सर्जन करता है। लेखनी पर यह अंकुश जब भीतर से लगाया जाता है तभी वह लाभदायी हो सकता है। संसार के कितने पत्र इस कसौटी पर खरे उतर सकेंगे? परंतु निकम्मे पत्रों को कौन बंद करे और कौन किस पत्र को निकम्मा कहे? निकम्मे और काम के पत्र साथ–साथ ही चलते रहेंगे, अच्छाई और बुराई जगत में साथ–साथ चला करती हैं। दोनों प्रकार के पत्रों में से किसे पसंद किया जाय, इसका निर्णय मनुष्य को स्वयं ही करना होगा"।

एक विद्वान का यह कथन काफी हद तक यथार्थ प्रतीत होता है कि 'आज दैनिक पत्रों में अधिकांशतः उन लोगों का वर्णन रहता है जिन्होने जीवन–संग्राम में हथियार डाल दिए हैं।' हम उन दस व्यक्तियों के बारे में तो पढ़ते हैं जो बेईमानी करते मिलते हैं, पर हम उन लाखों व्यक्तियों के बारे में कुछ नहीं सुनते जिन्होंने अच्छे काम किए हैं। इस प्रकार के समाचारों से हमें वर्तमान पत्रकारिता को बचाना चाहिए। ऐसे समाचारों को प्रमुखता देना आवश्यक है जो पाठक के मन में जीवन के प्रति आस्था, उमंग और विश्वास जगाए तथा राष्ट्र के प्रति प्रेम बढ़ाए। समाचारों के प्रति पत्रकारों का वही दृष्टिकोण होना चाहिए जो एक निर्माता का वस्तु के निर्माण के प्रति होता है।

पत्रकारिता किधर

भारतीय पत्रकारिता के सामने आज विस्तृत बाजार क्षेत्र हैं जहाँ समाचार पत्र–पत्रिकाओं को शीघ्रता से पहुँचना होता है। इसके लिए आवश्यक है–समाचार–पत्र संस्थान में कुशल विपणन और वितरण की श्रेष्ठ प्रबंधकीय कौशल की। पूँजी और व्यवसाय बुद्धि उसके अनिवार्य हिस्से हो गये हैं। आज ये अवधारणा बलवती होती जा रही है कि समाचार–पत्रों की प्रसार संख्या को बढ़ाने में 'मार्केटिंग स्किल' तथा 'आक्रमण रणनीति' ही सफल हो सकती

है। इस अवधारणा ने समाचार–पत्रों में संपादक की अस्मिता को गौण कर दिया है। पत्र की सामग्री को प्रबंधकीय संस्था नियंत्रित कर रही है और संपादक असहाय हो गया है। मालिक और संपादक के मध्य की यशस्वी परंपरा अब क्षीणप्रायः हो गयी है।

स्वतंत्रता पूर्व की पत्रकारिता हमारे जीवन–संस्कारों और राष्ट्रीय चेतना के उदात्त मूल्यों से जुड़ी हुई थी। संख्यात्मक दृष्टि से पत्रिकाएँ बहुत कम थीं किंतु वे हमारे सोच और चिन्तन को प्रभावी ढंग से अभिव्यक्ति प्रदान करती थीं। आर्थिक उदारीकरण और वैश्वीकरण की होड़ ने पत्रकारिता को सूचना और शिक्षित करने के उद्देश्यों को गौण कर उसे 'मनोरंजन' का पर्याय बनाने का प्रयास किया। धर्मयुग, साप्ताहिक हिंदुस्तान, दिनमान, सारिका आदि ऐसी पारिवारिक, साहित्यिक तथा समाचार पत्रिकाएँ थीं, जिन्होंने हिंदी की यशस्वी परंपरा को आगे बढ़ाया। अखिल भारतीय स्तर पर इन पत्रिकाओं की एक विशिष्ट छाप पड़ी और पाठकों को स्वस्थ एवं रचनात्मक पठनीय सामग्री बराबर मिलती रही। इन पत्रिकाओं के अवसान ने पत्रकारिता जगत में एक रिक्तता पैदा कर दी। आज भी समकालीन पत्रिकाओं में एक–सी पत्रिका का अभाव स्पष्ट है जो सुरूचिपूर्ण सामग्री पढ़ने वाले पाठकों की मानसिक क्षुधा शांत कर सके। इस अभाव की पूर्ति की दिशा में दैनिक पत्रों ने नये–नये प्रयोग करने शुरू किस। ये प्रयोग फीचर पृष्ठों के रूप में हमारे सामने आये। इन फीचर पृष्ठों के माध्यम से कला, संस्कृति, पर्यटन, साहित्य, शिक्षा, पर्यावरण, कृषि आदि विविध विषयों पर सूचना एवं मनोरंजनपरक सामग्री पाठकों को परोसी जाने लगी। इन पत्रों ने समाचार और विचार का पारस्परिक संतुलन स्थापित करने का प्रयत्न किया। नवें दशक की पत्रकारिता में यह महत्वपूर्ण परिवर्तन था। विचार पत्रिकाएँ समाचार पत्रिकाएँ बनने लगीं तथा समाचार–पत्र विचार पत्र का रूप ग्रहण करने लगे।

फीचर पृष्ठों की यह परंपरा अब समाचार–पत्रों में प्रतिदिन से लेकर सप्ताह में तीन–चार विशिष्ट परिशिष्टों के प्रकाशन में बदलने लगी है। अमूमन चार पृष्ठों के इन परिशिष्टों पर अब बाजार और उदारीकरण का प्रभाव स्पष्ट देखा जा सकता है। रंगीन चित्रों तथा कलात्मक मुद्रण ने मौलिक विचारों को आत्मसात करना शुरू कर दिया है। सामग्री की गंभीरता और वैचारिकता से इस आधार पर किनारा किया जा रहा है कि पाठक अब यह सब कुछ

नहीं पढ़ना चाहता। वह चटपटी, सनसनीखेज व हल्की फुल्की सामग्री को प्रथमिकता देना चाहता है। इसी मनोविज्ञान से प्रभावित होकर पत्र–पत्रिकाओं ने पर्यटन, वाणिज्य खान–पान तथा फैशन आदि विषयों को प्रमुखता देना शुरू किया है। यह सामग्री नवउपभोक्तावादी जीवन संस्कृति से प्रभावित हो रही है।

समकालीन पत्रकारिता का दूसरा प्रमुख चरित्र है उसका 'जनोन्मुख' होने के बजाये 'सत्तोन्मुखी' होना। आम आदमी की पीड़ा, उसकी महत्वाकांक्षा, उसकी संवेदना यहाँ गायब है। आज की पत्रकारिता का मुख्य ध्यान राजनीतिक घटनाक्रम पर अधिक केंद्रित रहता है। अधिकांश समाचार–पत्रों के मुख्य पृष्ठ राजनेताओं के चित्रों तथा उनके वक्तव्यों से भरे रहते हैं। इसके विपरीत विकासात्मक, साहित्यिक, सांस्कृतिक समाचारों आदि को अपेक्षाकृत कम स्थान दिया जाता है। आज आवश्यकता इस बात की है कि राजनीति के साथ–साथ समाचार–पत्रों में राष्ट्रीय विकास तथा अन्य क्षेत्रों की गतिविधियों को भी उचित स्थान दिया जाए। यह विडंबना ही है कि राजनेताओं के निरर्थक वक्तव्य तो हजारों शब्दों में प्रकाशित हो जाएँगे किंतु दूरदराज के क्षेत्रों में संघर्ष करते किसान, बदलाव के लिये छटपटाते युवा एंव महिला संगठनों के कार्य, अकाल या बाढ़ की विभीषिका से जूझते लोग आदि ऐसे अनेक मुद्दे हैं जो समाचार–पत्रों में प्रायः उपेक्षित रहतें हैं। यदि इन लघुनायकों को हमारा मीडिया प्रमुखता दे सके तो शायद हम सामाजिक–सांस्कृतिक जगत् में बदलाव की सार्थक आधारभूमि तैयार कर सकेंगे।

यदि समाचार–पत्र एक विचारहीन उत्पाद की तरह प्रकाशित किया जायेगा तो समाज किस दिशा में जायेगा। समाचार–पत्रों की गंभीरता यदि फूहड़ता में बदलने लगेगी तो हम कैसे स्वस्थ समाज निर्माण की कल्पना कर सकेंगे।

चौथे स्तंभ के रूप में पत्रकारिता की अपनी एक अंतर्निहित शक्ति है। इस शक्ति का दुरूपयोग समाज को छिन्न–भिन्न कर सकता है। अतः इस शक्ति पर किस प्रकार का अंकुश हो– यह अत्यंत संवेदनशील प्रश्न है। आज जब पत्रकारिता ने हमारे सामाजिक राजनीतिक जीवन की विकृतियों और विषमताओं का पर्दाफाश तो किया है लेकिन अब इस 'प्रोफेशन' में कितनी

विकृतियाँ आ गई हैं, इस पर भी चिन्तन आवश्यक है। भारतीय प्रेस परिषद् की प्रतिवर्ष प्रकाशित रिपोर्ट इस बात को समझने का अच्छा आधार हो सकती है कि पत्रकार जगत ने इस प्रोफेशन की मर्यादा व नैतिकता का कहाँ तक व किस सीमा तक उल्लंघन किया है। यही कारण है कि मुद्रित शब्द की विश्वसनीयता आज गहरे संकट में पड़ गयी है। प्रेस के लिए आजादी के बाद आचार–संहिता बनाने की बात अनेक बार उठी है तथा विभिन्न मंचों पर ऐसे प्रयन्त किये गए हैं। प्रथम प्रेस आयोग, राष्ट्रीय एकता परिषद्, अखिल भारतीय समाचार–पत्र संपादक सम्मेलन, राष्ट्रीय पत्रकार संघ, सहित विभिन्न समितियों, आयोगों तथा संगठनों ने आचार संहिताएँ जारी की हैं। प्रेस परिषद् ने भी ऐसे दिशा निर्देश सुझाये हैं। आजादी के पैंसठ वर्षों बाद भी सर्वसम्मत आचार संहिता का निर्माण न हो पाना विचारणीय प्रश्न है।

2

लोकतंत्र और मीडिया का अंतर्संबंध

डॉ. हरीश अरोड़ा

आज विश्व पटल पर राजनीति की बदलती तस्वीर इस बात का सबूत है कि तानाशाही शक्तियों का वर्चस्व अब धीरे–धीरे विश्व राजनीति से बाहर होता चला जा रहा है ऐसे में अपनी हिंसक गतिविधियों के माध्यम से सत्ता से च्युत आततायी शाक्तियों के स्थान पर लोकतांत्रिक सरकारों का आगमन बदलते हुए विश्व का सूचक है।

दरअसल किसी भी देश में सरकार का रूप चाहे प्रजातांत्रिक हो या राज्यतांत्रिक, जनमत की भूमिका इनके अंतर्गत असंदिग्ध है। विश्व का इतिहास उठाकर देखा जाए तो राजतांत्रिक शक्तियों के उदय के साथ–साथ ही समाज जनसंचार के पारंपरिक माध्यमों से भी परिचित था। सत्ताओं के संघर्ष के साथ–साथ जनसंचार के पारंपरिक माध्यमों ने भी विकसित होकर नए रूप धारण कर लिए और तकनीक के आगमन के बाद तो जनसंचार के माध्यमों ने अपनी शक्ति से सत्ता को भी परिचित कराया। लोकतंत्र का चौथा स्तंभ होने के कारण इसकी भूमिका अन्य तीन स्तंभों विधयिका, कार्यपालिका और न्यायपालिका के समान भले ही न हो किन्तु उनसे कम भी नहीं। समाज के असीमित विस्तार और बदलते परिवेश के चलते जनसंचार माध्यमों ने लोकतंत्र के मूल्यों की रक्षा का दायित्व अपने ऊपर ले लिया। लोकतांत्रिक अव्यवस्थाओं और भ्रष्ट नीतियों के कारण उपजे अवमूल्यन के

विरोध में जनसंचार माध्यमों ने अन्ना हजारे और बाबा रामदेव जैसे लोगों को भी लोकतांत्रिक सत्ता के सामने शक्तिशाली व्यक्तियों के रूप में स्थापित किया।

अभी तक यह माना जाता रहा है कि लोकतंत्र की सफलता या असफलता जनमत के आधार पर ही तय होती है इसी के चलते पिछले कुछ दशकों में कई राज्यों और भारत के केंद्रीय चुनावों में जनता ने किसी एक दल को इतने मत प्रदान नहीं किए जिससे वह अपनी शक्ति से ही सरकार का गठन कर सके। इन 'अल्पमत' सरकारों के कारण कहीं–न–कहीं हमारा लोकतंत्र प्रभावित होता रहा है। देखा जाए तो इसके पीछे जनमत का सरकार विरोधी होना अपनी भूमिका निभाता है। आखिर लोकतंत्र में लोक की भूमिका को नकारा भी नहीं जा सकता। इसी लोक के बल पर ही सरकारों के सत्ता पर काबिज होने और सत्ता से च्युत होने का खेल चलता रहा है। जब–जब लोकतांत्रिक व्यवस्था में इस लोक को निष्क्रियता दिखाई देती है वह तुरंत उस व्यवस्था को बदलने के लिए अपनी शक्ति का प्रयोग करता है।

यह सही है कि लोकतंत्र की सार्थकता और उसकी व्यवस्था को सुदृढ़ बनाने के केन्द्र में जनमत सबसे मजबूत भूमिका निभाता है लेकिन इस जनमत को शक्ति और ऊर्जा देने का कार्य लोकतंत्र का चौथा स्तंभ मीडिया करता है। मीडिया का यह काम नहीं है कि वह जनता को किसी एक दल विशेष या पार्टी को मत देने के लिए प्रेरित करे वह तो लोकतंत्र की व्यवस्था पर निगरानी रखता है और उस व्यवस्था के यथार्थ से जनता को परिचित कराता है। मीडिया के पास विचार हैं और उन विचारों का प्रयोग वह लोकतंत्र की व्यवस्था को सुदृढ़ करने के लिए करता है। लेकिन राजनीतिक उठापटक के दौर में मीडिया और राजनीतिक दलों के अंतर्सम्बन्धें ने लोकतांत्रिक व्यवस्था को जो नया रूप देखा है वह कहीं–न–कहीं लोकतंत्र और मीडिया दोनों के लिए भयावह स्थिति उत्पन्न कर सकता है।

विगत कुछ वर्षों में लोकतंत्र के सबसे प्रमुख तत्त्व राजनीति के साथ मीडिया का संबंध जितना अधिक गहराया है उतना पहले नहीं गहराया था। इस संबंधात्मकता के कारण ही आज राजनीति और जनसंचार के माध्यमों के बीच कभी विरोध और कभी सहकार का सम्बन्ध बनने लगा। आज के

दौर में लोकतंत्र का यह चौथा स्तंभ अन्य तीन स्तंभों से कहीं अधिक शक्तिशाली और प्रभावशाली हो गया है। सत्ताओं के परिवर्तन और राजनीतिक दलों को सत्ता से बेदखल करने के लिए जनमत निर्माण में जनसंचार माध्यमों की राजनीति के कारण अब राजनैतिक दल भी मीडिया से भय खाने लगे हैं। इसी के चलते राजनीति और मीडिया में एक समझौतावादी दृष्टिकोण अप्रत्यक्ष रूप से दिखाई देने लगा है। दोनों ही अपनी–अपनी हितों के साधने के लिए प्रोफेशनल हो गए हैं।

बदलते हुए परिवेश में जहाँ मीडिया ने नए विचारों की आग के साथ नए क्षेत्रीय और छोटे दलों को बुलंदी पर लाकर खड़ा कर दिया वहीं बाज़ारवाद और अपनी शक्ति के चलते मीडिया में भी नए–नए समाचार–पत्रों और चैनलों की एक फौज खड़ी हो गई। इस छुटभैये मीडिया को चलाने वालों का मकसद कहीं–न–कहीं शॉर्टकट के सहारे अपनी प्रसिद्धि और राजनीति के भीतर अपनी पैठ बनाने की मुहिम के रूप में ही रहा। क्षेत्रीय दलों के लिए तो यह मीडिया जैसे जीवन–शक्ति के रूप में आया। मीडिया के लिए अब जनहित के मुद्दे इतने प्रासंगिक नहीं रह गए थे। उसके लिए तो राजनीति के धुरंधर सेलिब्रिटी की तरह बन गए और 'सत्यम्–शिवम्–सुंदरम्' का मंत्र बाज़ारवाद की बली चढ़ गया।

वास्तव में मूल्य और जनसिद्धांतों को अपना आदर्श मानने वाला मीडिया जब लोक और तंत्र दोनों के बीच सामंजस्य बनाने में असपफल रहा तो यह दोनों से ही दूर होता चला गया। व्यवस्था में बैठे लोग जो इस मीडिया से भय खाते थे उन्होंने इसी मीडिया को सत्ता प्राप्ति और दूसरे दलों के विरुद्ध हथियार की तरह इस्तेमाल करना आरंभ कर दिया। दूसरी ओर मीडिया के चंद तथाकथित पत्रकारों ने समाचार–पत्रों और चैनलों की होड़ में अपने को बनाए रखने के लिए राजनीति में भ्रष्टाचार और सेक्स–स्कैंडलों को उजागर करने के लिए एक नई परिपाटी 'स्टिंग ऑपरेशन' को जन्म दिया। इसके चलते मीडिया के एक नए चरित्र से समाज का परिचय हुआ। सामाजिक सरोकार अब हाशिए के विषय बन गए। राजनीति की शक्ति और चकाचौंध ने इसे समूचे मीडिया का केंद्र बना दिया। राजनीति और मीडिया के बीच पनपते इस द्वंद्व ने इनके बीच फिर से नए संबंधों की अवधारणा को प्रस्तुत किया जिसे पत्रकारिता के शब्दों में 'पेज न्यूज़' कहा जाने लगा। विभिन्न

समाचार–पत्रों और चैनलों की दिशाए अब राजनीति के बैठे लोग तय करने लगे। समाज का यथार्थ अब बाज़ार का यथार्थ बन गया।

वास्तव में मीडिया और लोकतंत्र के बीच बदलते हुए परिवेश के साथ बदलते उनके रिश्तों के चलते ही शायद रघुवीर सहाय ने लिखा – 'हम सच बोलते हैं, तो हमें लगता है कि हमारी शक्ति का असर होना चाहिए, लेकिन जब हम अधूरे सच या झूठ बोलने वालों की शक्ति का असर ज्यादा होता हुआ पाते हैं, तो माथा ठनकता है कि ऐसा क्यों हो रहा है। पता चलता है कि सच बोलने से ही काम नहीं चलेगा। अगर हम चाहते हैं कि सच को ज्यादा लोग सच समझें भी और सच को समझकर उसके अनुसार आचरण भी करें, तो सच के व्यापक प्रचार के साधनों का इस्तेमाल भी करना पड़ेगा कृकृ पता चलता है कि प्रचार के साधन उनके पास ज्यादा हैं जिन्हें आधे सच का प्रचार करना है।' **(रघुवीर सहाय रचनावली, राजकमल प्रकाशन, नई दिल्ली, पृष्ठ 78)** इस अधूरे सच के पीछे कहीं–न–कहीं अधूरा झूठ भी शामिल होता है जो आम आदमी तक पहुँचता है। यह छद्म यथार्थ (Virtual Reality) मीडिया और लोकतंत्र दोनों के लिए ही घातक है। व्यवस्था का आधा–अधूरा सच समाज को भ्रमित करता है और समाज लोकतंत्र में अपनी सार्थक भूमिका नहीं निभा पाता। इसी तरह वह प्रत्यक्ष या अप्रत्यक्ष रूप से आधे–अधूरे झूठ का भी समर्थन कर बैठता है।

यह सही है कि राजनीति और मीडिया के इन संबंधों ने लोकतंत्र में अव्यवस्था को उसकी जड़ों तक पहुँचा दिया लेकिन जैसे–जैसे मीडिया में नए विचारों की चेतना और मिशन की पत्रकारिता की सोच लिए युवा पत्रकारों का आगमन हुआ, मीडिया में दायित्व–बोध की भावना का फिर से उदय हुआ। इन युवा पत्रकारों ने मीडिया के साथ लोकतंत्र के संवाद को बरकरार रखा और उसे मजबूत बनाए रखने के लिए अपना सहयोग भी दिया लेकिन जहाँ प्रश्न लोकतांत्रिक अव्यवस्था का आता तो यही मीडिया जनता को भी उसके अधिकारों और व्यवस्था के पक्षधरों के उनकी कमज़ोरियों से परिचय कराता दिखाई देने लगा।

भले ही पत्राकारिता की विश्वसनीयता पर समय–समय पर अनेक प्रश्न उठते रहे हों लेकिन पिछले कुछ वर्षों में जिस तरह से न्यू–मीडिया के माध्यम

से नागरिक पत्रकारिता का उदय हुआ और विभिन्न सोशल–नेटवर्किंग साइटों के माध्यम से आम जनता ने स्वयं अपनी अभिव्यक्ति के लिए एक माध्यम से चयन किया उसके चलते मीडिया अपने ऊपर होने वाले सवालों और प्रतिरोधों से जूझने लगा। सोशल–नेटवर्किंग और ब्लॉग की इस नई दुनिया में पत्रकार की भूमिका एक आम–नागरिक ने ले ली। अभिव्यक्ति की स्वतंत्रता के खतरे उठाने के लिए उसने स्वयं ही पत्रकार के रूप में तकनीकी कलम उठा ली। इसी का परिणाम रहा कि पिछले वर्षों में विश्व की तानाशाही शक्तियों को सत्ताओं से बेदखल करने में मीडिया ने अपनी भूमिका निभाई है। मिस्र में सत्ता के परिवर्तन तथा चीन और लीबिया में हुई जनक्रांतियाँ इस न्यू–मीडिया की शक्ति के सकारात्मक पक्ष को उजागर करते हैं।

न्यू–मीडिया वर्षों से सत्ता पर जमे विश्व के दो प्रभावशाली शासकों की सरकारों के विरुद्ध जन–आंदोलन और सत्ता से उनके च्युत होने की स्थितियाँ पैदा कर सकता है इसकी तो किसी ने कल्पना भी नहीं की होगी। इतना ही नहीं विभिन्न देशों की सरकारें अब भ्रष्टाचार और अव्यवस्थाओं के मुद्दे पर घिर चुकी हैं और उनके भीतर भी जनक्रांति का भय उत्पन्न होने लगा है। लोकतंत्र में मीडिया की भूमिका भले ही चाहे कैसी रही हो लेकिन मीडिया में लोकतंत्र का एक नया अध्याय लिखा जा रहा है। पत्रकार की भूमिका बदलने लगी है और वह फिर से आम–सामाजिक की पत्रकारिता की ओर उन्मुख हो चुका है। वह लोक की शक्ति को पहचान गया है।

यह सही है कि आज के समाज में लोकतंत्र और मीडिया के आपसी सम्बन्धों को अलग नहीं किया जा सकता, ये दोनों एक–दूसरे के परिपूरक बन गए हैं। लेकिन जरूरी यह है कि मीडिया आज राजनीति की तरह अपने को सत्ता केंद्रित बनाने की जगह सिद्धांत केंद्रित बनाए रखें और राजनीति के सत्ता केंद्रित स्वरूप के सच को भी समाज के सामने लाकर लोकतांत्रिक मूल्यों को बचाए रखने में अपनी भूमिका निभाए।

3

भारत में उच्च शिक्षा और सूचना तकनीक

डॉ. मनीष कुमार मिश्रा, डा. अनिता मन्ना

हमारे देश भारत में उच्च शिक्षा का मतलब सेकेंडरी स्कूल से आगे की पढ़ाई है। आज देश की उच्च शिक्षा की हालत किसी से छुपी नहीं है। देश के मध्यकालिक व्यापक उद्देश्यों को पूरा करने के लिए सकल भर्ती अनुपात को 2015 तक कम से कम 15 प्रतिशत तक बढ़ाना होगा। इसका अर्थ यह है कि अगले पाँच वर्ष के भीतर उच्च शिक्षा का दायरा दुगुने से भी अधिक फैलाना होगा। गुणवत्ता को कमजोर किए बिना यह दायरा बढ़ाना होगा और शिक्षा का स्तर उठाना होगा तथा उच्च शिक्षा को ज्ञानवान समाज के आवश्यकताओं और अवसरों के लिए अधिक उपयोगी बनाना होगा। इस बात को भी व्यापक मान्यता मिल रही है कि उच्च शिक्षा को समाज के सभी वर्गों के लिए अधिक सुलभ बनाना जरुरी है। यह संभव तभी हो पाएगा जब हम सूचना और तकनीक का पूरा और सार्थक प्रयोग इस दिशा में करें।

विज्ञान और तकनीक का विकास लोगों की आर्थिक और सामाजिक उत्थान के लिए आवश्यक है। विज्ञान और टेक्नॉलॉजी के क्षेत्र में नेतृत्व हासिल करना ज्ञान की रचना और उपयोग की प्रक्रिया के अभिन्न अंग हैं। विज्ञान और टेक्नॉलॉजी में प्रगति उद्योगों के लिए नए रास्ते खोल सकती है। यह भारत जैसे विकासशील देशों में ज्ञान आधारित महत्वपूर्ण सेवाएँ प्रदान करने का एक कारगर साधन है।

अंतर्राष्ट्रीय क्षेत्र में सबसे आगे रहने के लिए यह जरूरी है कि भारत विज्ञान और टेक्नॉलॉजी के क्षेत्र में नेतृत्व हासिल करे। देश के भीतर चल रही अनुसंधान गतिविधियों का दायरा और परिमाण बधने के लिए और प्रयास करने होंगे। अनुसंधान और विकास गतिविधियों में सुधार लाने के लिए विभिन्न उपाय अपनाकरं देश में अनुसंधान गतिविधियों का दायरा सुधारने की भी जरूरत है।

राष्ट्रीय ज्ञान आयोग ऐसे कुछ महत्वपूर्ण मुद्दों पर विचार कर रहा है:

- अनुसंधान के लिए धन प्राप्त करने में आने वाली बाधाओं की पहचान करना और उन्हें दूर करना;
- विज्ञान और टेक्नॉलॉजी में कुछ प्रमुख अनसुलझी समस्याओं की पहचान करना, जहाँ भारत अनुसंधान और विकास में महत्वपूर्ण नेतृत्व की भूमिका निभा सकता है;
- विज्ञान और टेक्नॉलॉजी में भविष्य में महत्वपूर्ण होने वाले अंतर–विभागीय क्षेत्रों की पहचान करना और उनके अध्ययन की व्यवस्था करना;
- विज्ञान और टेक्नॉलॉजी के इस्तेमाल को विकास के लिए एक महत्वपूर्ण साधन बनाना और गरीबों तथा वंचित वर्गों की समस्याएँ सुलझाने के लिए विज्ञान और टेक्नॉलॉजी के इस्तेमाल को बढ़ावा देना।

एक सकारात्मक बात यह भी है कि –सामाजिक व अद्योसंरचनात्मक क्षेत्र में सरकार की तरफ से ज्यादा से ज्यादा ध्यान दिया जाना और विभिन्न योजनाओं के आने से भी आगे आने वाले दिनों में सकारात्मक असर पड़ेगा। चीन के बाद भारत ही तेजी से बढ़ती अर्थव्यवस्था मानी जाती है। परंतु जिस प्रकार से देश प्रगति कर रहा है और विभिन्न प्रोजेक्टस आ रहे हैं उससे यह बात निशचित है कि वर्ष 2018 तक हम चीन को पीछे छोड़ देंगे।

सुपर पावर बनने के लिए अच्छी शिक्षा जरूरी नामक अपने आलेख में अतुल कोठारी जी ने भारत में उच्च शिक्षा संबंधी अपने दृष्टिकोण को बड़े ही विस्तार और तथ्यों के साथ सामने रखा है। आपका मानना है कि–देश में पब्लिक–प्राइवेट पार्टनरशिप आधारित शिक्षा मॉडल को ही आगे लाया जाना

चाहिए और इसे उद्योग का दर्जा देना चाहिए। इसके अलावा रिसर्च के क्षेत्र में भी काफी काम किया जाना है। वोकेशनल एजुकेशन के क्षेत्र की ओर भी ध्यान देना जरूरी है। अगर इन बातों पर ध्यान दिया जाता है, तब उच्च शिक्षा का क्षेत्र काफी तेजी से आगे बढ़ेगा।

स्वतंत्र भारत में उच्च शिक्षा का विस्तार व्यापक स्तर पर हुआ है लेकिन क्या यह हमारे देश की उच्च शिक्षा, छात्रों को जीवन दृष्टि देने में या उनकी भौतिक आवश्यकताओं की पूर्ति करने में सफल हुयी है। यह एक बडा प्रश्न है! देश की उच्च शिक्षा को शिक्षा की मूलभूत संकल्पना के साथ आधुनिक आवश्यकताओं के अनुसार ढालना होगा।निम्न आकड़ों पर नजर डालें तो स्थिति काफी साफ हो जाती है।

उच्च शिक्षा का विस्तार	विश्वविद्यालय	महाविद्यालय	छात्र संख्या	शिक्षक संख्या
1947	18	518	2,28,881	24,000
2009	440	21000(लगभग)	1.2 करोड	4,90,000

आंकड़ें साफ दिख रहे हैं कि उच्च शिक्षा के क्षेत्र में सब ठीक नहीं है। 90 से अधिक विद्यार्थी विश्वविद्यालयों से संबद्ध महाविद्यालयों में शिक्षा ग्रहण करते हैं। इन महाविद्यालयों में भी बिना अनुदानित महाविद्यालयों की संख्या काफी अधिक है। इनका प्रबंधन बड़े राजनेताओं या व्यापारियों के हाँथ में है। बुनियादी सुविधाओं के लिए कई महाविद्यालय तरस रहें हैं। परिणाम यह है कि उच्च शिक्षा की गुणवत्ता लगातार कम हो रही है। विनय तिवारी अपने आलेख देश के उच्च शिक्षण संस्थानों की साख पर उठते रहे सवाल में भी इसी बात को लेकर चिंता व्यक्त करते हैं। विनय तिवारी लिखते हैं कि, भारतीय उच्च शिक्षण संस्थानों की साख लगातार गिर रही है. 2004 से 2009 तक आइ.आइ.टी. मुंबई और जे.एन.यू., नयी दिल्ली को विश्व के उच्च 200 संस्थानों में शुमार किया गया था। आइ.आइ.टी. मुंबई को 2009 में 163 वें, जबकि 2010 में 187 वें स्थान पर रखा गया था। लेकिन 2011 में दुनिया के उच्च 200 उच्च शिक्षण संस्थानों में एक भी भारतीय संस्थान को जगह नहीं मिली। इस साल आइ.आइ.टी. मुंबई को सूची में 300 से 350 वें स्थान के बीच रखा गया।

विश्व में सर्वाधिक 26,478 उच्च शिक्षण संस्थान भारत में हैं। यह संख्या चीन से सात गुना और अमेरिका से चार गुना है। लेकिन 2011 में देश के उच्च शिक्षण संस्थानों की गुणवत्ता पर लगातार सवाल उठते रहे।

अर्नेस्ट एंड यंग की हालिया रिपोर्ट (इडीजीइ 2011) के अनुसार भारत में उच्च शिक्षा पर होनेवाला खर्च 46,200 करोड़ रुपये है। 2020 तक इसमें सालाना 18 फ़ीसदी की दर से बढ़ोतरी का अनुमान है और 2020 तक यह खर्च 2,32,500 करोड़ रुपये हो जायेगा। उच्च शिक्षा पर खर्च में लगातार बढ़ोतरी के बावजूद मौजूदा समय में इसमें नामांकन दर महज 11 फ़ीसदी है। सरकार 2020 तक इसे 20 फ़ीसदी करना चाहती है।

शिक्षाविद प्रोफ़ेसर यशपाल भी यह मानते हैं कि शिक्षा की उपलब्धता बढ़ाना एक चुनौती है, लेकिन शिक्षा की गुणवत्ता बढ़ाना, इससे भी बड़ी चुनौती है। सरकार सिर्फ संस्थानों की संख्या और नामांकन दर बढ़ाने पर जोर दे रही है, जबकि संस्थानों की गुणवत्ता उसकी प्राथमिकता में नहीं है। स्थिति यह है कि प्रसिद्ध आइ.आइ.टी. और आइ.आइ.एम. जैसे संस्थानों की गुणवत्ता भी पहले के मुकाबले कम हुई है। हमारी शिक्षा व्यवस्था में भ्रष्टाचार का बोलबाला है।

संस्थानों में शिक्षण की गुणवत्ता में कमी के कारण कोचिंग क्लासेस की संख्या बढ़ रही है, जहाँ छात्रों की रचनात्मकता खत्म हो रही है। सुधार के कदम के बारे में यशपाल कहते हैं, सबसे पहले नियामक संस्थाएँ खत्म करनी होगी। आइ.आइ.टी. जैसे संस्थानों को यूनिवर्सिटी का दर्जा दिया जाना चाहिए और शैक्षणिक मामलों में राजनीतिक हस्तक्षेप तत्काल बंद होना चाहिए. गौरतलब है कि हाल ही में इन्फ़ोसिस के संस्थापक एन नारायणमूर्ति और केंद्रीय ग्रामीण विकास मंत्री जयराम रमेश ने भी आइ.आइ.टी. छात्रों और संस्थानों के गिरते स्तर पर सवाल उठाया था।

उधर, शिक्षाविद मनीष सब्बरवाल कहते हैं, आर्थिक विकास दर के लिए शिक्षा और रोजगार की स्थिति महत्वपूर्ण कारक हो गये हैं। हमारी शिक्षा के समक्ष संख्या, गुणवत्ता और समग्रता की चुनौती है। शिक्षा पर नियंत्रण की सरकारी पहल से तीनों चीजें प्रभावित हो रही हैं। सब्बरवाल कहते हैं कि भारत में उच्च शिक्षा की नामांकन दर 11 फ़ीसदी है, जो वैश्विक दर की

आधी है। देश में हर साल 80 लाख छात्र 12 वीं की परीक्षा पास करते हैं, लेकिन करीब 50 लाख ही उच्च शिक्षण संस्थानों में दाखिला लेते हैं और उनमें 30 लाख बीच में ही पढ़ाई छोड़ देते हैं।

दूसरी ओर हालात ऐसे हो गये हैं कि ग्रेजुएट कोर्स में दाखिले की कट ऑफ 100 फ़ीसदी तक पहुँच गयी है। 1987 में मात्र दस लाख छात्र 12 वीं की परीक्षा में शामिल हुए थे, जबकि इस साल 1.2 करोड़ छात्र शामिल हुए। लेकिन इस अनुपात में सीटों की संख्या नहीं बढ़ पायी। देश के 330 जिलों में उच्च शिक्षा में नामांकन दर राष्ट्रीय औसत से कम है।

स्थिति में सुधार के लिए सब्बरवाल सुझाव देते हैं, संस्थानों को डिग्री की फ़ैक्टरी में तब्दील करने के बजाय रोजगारपरक शिक्षा मुहैया कराने पर जोर देना चाहिए। संस्थानों को स्वायत्तता और पाठयक्रम में बदलाव करना बेहद जरूरी है। उच्च शिक्षा में लाइसेंस राज को खत्म कर शिक्षा की गुणवत्ता पर जोर देने की जरूरत है। स्कूलों में अंगरेजी की शिक्षा पर जोर देना चाहिए, क्योंकि अंगरेजी रोजगार के लिए खिड़की का काम करती है। स्कूल और कॉलेज के पाठयक्रम में वोकेशनल विषयों को शामिल किया जाना चाहिए।

आज का भारत –

- दुनिया के शीर्षस्थ 200 उच्च शिक्षण संस्थानों में एक भी भारतीय संस्थान नहीं है।
- खर्च में लगातार बढ़ोतरी के बावजूद उच्च शिक्षा में नामांकन दर महज 11 फ़ीसदी है।

सुधार के सुझाव –

- नियामक संस्थाएँ खत्म करनी होगी, राजनीतिक हस्तक्षेप तत्काल बंद होना चाहिए : प्रोफ़ेसर यशपाल
- संस्थानों को स्वायत्तता और पाठयक्रम में बदलाव करना बेहद जरूरी : मनीष सब्बरवाल

मैं व्यक्तिगत तौर पर रवींद्रनाथ ठाकुर जी के शैक्षणिक दृष्टिकोण का कायल हूँ। उसे भी मैं कतिपय महत्वपूर्ण बिन्दुओं के रूप में ही सामने रखना चाहूँगा।

- रवींद्रनाथ बचपन से ही परंपरागत शिक्षा पद्धति से भागते रहे। स्कूल में मन नहीं लगता था। लंदन तक पढ़ने गए पर पढ़ाई बीच में ही छोड़कर वापस आ गए। लेकिन आगे चलकर यही रवींद्र मुक्त शिक्षा पद्धति के प्रणेता बनते हुए विश्व भारती की संकल्पना को साकार करते हैं।
- वर्षा मंगल ,माघ मेला ,पौष मेला , आनंद मेला और वसंतोत्सव के माध्यम से पर्यावरण शिक्षा का काम शांति निकेतन में आप करते रहे।
- विश्व भारती के माध्यम से बहु–उद्देशीय शिक्षण संस्था की संकल्पना को आपने साकार किया।
- आप विद्या चर्चा नहीं गुण चर्चा के समर्थक रहे।
- आप शिक्षक को मनुष्य गढ़ने का शिल्पी मानते थे, लेकिन शिक्षक और छात्र के बीच मैत्रीपूर्ण संबंधों के आप समर्थक रहे।
- आप प्रतिभा के पूर्ण विकाश पर जोर देते थे।
- आप शिक्षा को सत्य के अन्वेषण का माध्यम मानते थे।
- आप सिर्फ ज्ञान या सूचना को महत्व नहीं देते थे अपितु एक बोध परक दृष्टिकोण के विकास को जरूरी मानते थे।
- आप शिक्षा का उद्देश्य हर दिन को आनंदपूर्ण बनाना मानते थे।
- शिक्षा का बृहत्तर समाज के साथ संबंध होना आप बहुत जरूरी मानते थे।
- आपको 5 विदेशी और देश के 9 विश्वविद्यालयों से डी.लिट. की उपाधि प्राप्त हुई।
- आपने कृषि शिक्षा को भी महत्व दिया। आलू की उन्नत खेती सीखने के लिए आपने अपने पुत्र को विदेश भेजा।
- आप भारतीयता से अधिक महत्वपूर्ण संस्कृति की मानवीयता और मानवीयता की संस्कृति को मानते थे।
- आप आत्म अनुसाशन के पक्षधर थे।
- आपने पिता के ध्यान मंदिर (शांति निकेतन) को शिक्षा मंदिर (विश्वभारती) में बदला।
- आपने आचार्य हजारी प्रसाद द्वारा विश्व भारती में हिंदी विभाग की स्थापना करायी और राष्ट्र भाषा का कार्य आगे बढ़ाया।

- सांप्रदायिकता और जातिवाद के आप घोर विरोधी थे। आपका गोरा उपन्यास इसका जीवंत उदाहरण है।
- चंडालिका, श्यामा और अभिसारिका जैसी आपकी रचनाएँ भी जातिवाद के विरोध में ही लिखी गयी।
- कुसंस्कारों का विरोध दर्ज कराती हुई रचनाओं में दृरक्तकरवी और विसर्जन जैसी रचनाएँ प्रमुख हैं।
- रवींद्रनाथ भारत के पहले ऐसे जमींदार थे जिन्होंने अपनी ही प्रजा को अपने ही कर्ज से मुक्ति दिलाने के लिए अपने पैसों से सहकारी बैंक की स्थापना करते हैं। इस तरह अर्थ नियोजन शिक्षा के स्वरूप को सा़मने लाते हैं।
- आपने ग्राम स्वराज्य की संकल्पना को महात्मा गाँधी से लगभग 17 साल पहले साकार करते हुए 600 गाँवों को गोद लिया।
- आपने ग्राम हितैषी सभा का गठन किया।
- भारत की प्रथम ग्राम संसद के तहत पंचायत राज की स्थापना की।
- महिला सरपंच की संकल्पना भी आपकी ही दी हुई है।
- देश के अंदर ही अपरिचय की दीवार तोड़ने के लिए आप दृशिवाजी उत्सव, चित्तौड़ राणा और बंदा बैरागी जैसी कविताएँ लिखकर राष्ट्रीय एकात्मता का महत्वपूर्ण कार्य करते हैं।
- रवींद्रनाथ जी ने एक धार्मिक दृष्टिकोण का भी निर्माण किया। इस वैश्विक धर्म दृष्टि की जड़ों में चंडीदास, कबीर, बुद्ध, यूनिटेरियन संप्रदाय की ईसाइयत, सूघी मुसलमान और फ्रेंच दार्शनिक कोंत दिखाई पड़ते हैं।
- आपने 10 विद्याओं में 141 किताबें लिखीं।
- भारत क़े स्वतंत्रता संग्राम में आपने महत्वपूर्ण योगदान दिया। आपने बंगाल में रक्षा बंधन की परंपरा शुरू करते हुए उसे आजादी के हथियार के रूप में अपनाया। ठीक उसी तरह जैसे बाल गंगाधर तिलक ने गणेश पूजा को आजादी का हथियार बनाया।
- अरविंद घोष की क्रांतिकारी पार्टी अनुशीलन समिति से आपके गहरे संबंध थे।
- सन 1909 की 27 जुलाई को स्पेसल ब्रांच के डी.आई.जी. पुलिस एफ.सी.डेली ने संदिग्ध क्रांतिकारियों की एक गोपनीय सूची़ बनायी

जिसमे 19वाँ नाम रवींद्रनाथ ठाकुर का था। (संदर्भ आलोक भट्टाचार्य का हिंदी विवेक पत्रिका मे छपा आलेख। दीपावली विशेषांक 2011)

- 26 जनवरी सन 1912 को शिक्षा विभाग द्वारा एक अध्यादेश जारी करके सरकारी कर्मचारियों को अपने बच्चों को शिक्षा के लिए शांति निकेतन जाने से रोका गया। (संदर्भ आलोक भट्टाचार्य का हिंदी विवेक पत्रिका में छपा आलेख। दीपावली विशेषांक 2011)
- जालियावाला बाग हत्याकांड के विरोध में आपने अंग्रेजों द्वारा नाइटहुड के तौर पर दी गयी उपाधि सर का परित्याग कर दिया।
- बलि प्रथा, दहेज प्रथा और देवदासी प्रथा के खिलाफ आपने खूब लिखा।
- कबीर, मीरा और विद्यापति का बांग्ला भाषा में अनुवाद किया।

इस तरह हम देखते हैं कि रवींद्रनाथ ठाकुर का वैचारिक फलक बहुत विस्तृत है। ज्ञान–विज्ञान की कई शाखाओं में आपको महारथ हासिल थी। आपका शैक्षणिक दृष्टिकोण उदार, मानवीय और प्रकृति के सहचर्य का समर्थक है। आज हम जब भारतीय उच्च शिक्षा पद्धति के लिए एक नई दिशा खोज रहे है, ऐसे में रवींद्रनाथ ठाकुर जी का शैक्षणिक दृष्टिकोण हमारे लिए मार्गदर्शक बन सकता है। आखिर महात्मा गाँधी ने रवींद्रनाथ ठाकुर को गुरुदेव ऐसे ही थोड़े कहा होगा।

सर्व शिक्षा अभियान के प्रणेता और साऊथ ईस्ट एशिया के विशेषज्ञ पद्मश्री डा. निरूपम बाजपेई यह मानते हैं कि आने वाले दिनों में भारत चीन को कम से कम शिक्षा के क्षेत्र में पीछे छोड़ सकता है, बशर्ते हम तकनीक का कारगर उपयोग इस क्षेत्र में करें। मेरी अपनी सोच के अनुसार उच्च शिक्षा के क्षेत्र में जिन बातों पर प्रमुखता से ध्यान देने की जरूरत है ,वे इस प्रकार हैं

1. नए विश्वविद्यालयों की स्थापना को प्रमुखता देना।
2. विदेशी संस्थाओं को भी देश में कैंपस खोलने की अनुमति देना।
3. सूचना और तकनीक के उपयोग को उच्च शिक्षा क्षेत्र मे बढ़ावा देना।
4. संसाधनों की पूरी व्यवस्था सुनिशचित करना।

5. रोजगारपरक शिक्षा को बढ़ावा देना।
6. उच्च शिक्षा की गुणवत्ता को हमेशा जाँच के दायरे में रखना।
7. शिक्षा क्षेत्र में व्याप्त भ्रष्टाचार पर लगाम लगाना।
8. शोध कार्यों को बढ़ावा देना। – शोध खर्च बढ़ाना, गुणवत्ता बढ़ाना, देश एवं समाज की आवश्यकता के अनुरूप विषय पर शोध कार्य हो। भारत में रिसर्च एण्ड डेवलपमेंन्ट में 2.5 प्रतिशत खर्च किया जाता है जबकि चीन में 4 से 9 प्रतिशत धन खर्च किया जा रहा है। (यूनेस्को 2000)
9. सरकारी और गैर–सरकारी शिक्षा संस्थानों के बीच सामंजस्य स्थापित करना।
10. शैक्षणिक नीतियों को बनाते समय सैद्धांतिक और व्यावहारिक दोनों पक्षों का ध्यान रखा जाय।
11. अंतर्राष्ट्रीय स्तर पर परीक्षा प्रणाली में एकरूपता जैसी योजनाएँ बनाते समय विद्यार्थियों की संख्या और कक्षा प्रणाली की स्थितियों की विभिन्न स्थितियों का ध्यान रखना जरूरी है।
12. राष्ट्रीय स्तर पर शिक्षकों की चयन प्रक्रिया में एकरूपता अनिवार्य हो।
13. राष्ट्रीय स्तर पर स्वायत्त शिक्षा प्राधिकरण का गठन हो। जिसका विस्तार प्रदेश एवं जिला स्तर तक हो।
14. स्वायतता के साथ जवाबदेही सुनिश्चित की जाय।
15. कुलपतियों की नियुक्ति राजनैतिक आधार पर न हो।
16. भारतीय भाषाओं में ही उच्च शिक्षा की व्यवस्था सुनिश्चित की जाय, इसमें आधुनिक विज्ञान, चिकित्सा, सूचना–प्रौधोगिकी और प्रबंधन के पाठ्यक्रम प्रमुखता से शामिल किये जाये।
17. भारतीय इतिहास, संस्कृति, दर्शन एवं विभिन्न मत–पंथों का प्राथमिक ज्ञान सभी छात्रों हेतु अनिवार्य हो।
18. विभिन्न प्रकार की पारंपरिक चिकित्सा पद्धतियों के संरक्षण संवर्धन एवं सशक्तिकरण हेतु प्रभावी कदम उठाये जायें।

19. शिक्षा क्षेत्र में स्वस्थ प्रतिस्पर्धा होनी चाहिए, जाति, धर्म, भाषा, प्रांत और ऐसे अन्य मुद्दों पर राजनीति यहाँ नहीं होनी चाहिए।
20. आर्थिक दृष्टि से पिछड़े विद्यार्थियों की सम्पूर्ण शिक्षा का दायित्व सरकार और समाज का होना ही चाहिए। सभी के लिए शिक्षा जैसी नीतियाँ बनाते समय उसकी ठोस जबाबदेही भी सुनिश्चित होनी चाहिए।

इन सुझावों के साथ–साथ हमें व्यक्तिगत तौर पर भी अध्ययन–अध्यापन के क्षेत्र में प्रौद्यौगिकी और तकनीक का बड़े पैमाने पर प्रयोग करना चाहिए। महाविद्यालयीन स्तर पर हम इनका उपयोग व्यक्तिगत तौर पर निम्नलिखित रूपों में कर सकते हैं–

- वेबसाइट
- ब्लॉग
- वेबकास्टिंग
- ऑनलाइन मैगजीन
- डेटा संचयन
- रिकॉर्डेड लेक्चर
- प्रकल्प प्रबंधन
- अध्यापन सामग्री का आदान–प्रदान
- फीडबैक
- सोशल नेटवर्किंग
- ऐलुमनी संवाद

ये कुछ मुद्दे हैं जिन पर विस्तार से लिखा जा सकता है और इनका उपयोग भी हम अपनी विभागीय गतिविधियों के लिए कर सकते हैं। इस तरह हम अध्यापन कार्य को अधिक रुचिकर और पारदर्शी बनाते हुए अपनी जवाबदेही सुनिश्चित कर सकते हैं।

सबसे महत्वपूर्ण तो यही है कि हमें व्यापक दृष्टिकोण के साथ मिलकर सार्थक पहल शिक्षा क्षेत्र में करनी पड़ेगी, अन्यथा यह सूरत बदलने वाली नहीं है। यह ठीक है कि सूचना और तकनीक की बात करते हुए उस भारत को नही भूलना चाहिए जो गाँवों में बसता है, जो बिजली, पानी जैसी बुनियादी

सुविधाओं से भी वंचित है। जिसके लिए यह जानना उतना जरूरी नहीं है कि पृथ्वी गोल है या अंडाकार बल्कि शाम की रोटी की चिंता उसके लिए सबसे बड़ी राष्ट्रीय समस्या है। मगर उस भारत को भी सपना दिखाना बहुत जरूरी है, ऐसा सपना जो उनकी नीद उड़ा दे। उन्हें भी प्रगतिशील भारत की मुख्य धारा से जोड़ना ही होगा। और उस पिछड़े हुए भारत में भी इस प्रगतिशील भारत से जुड़ने की ललक पैदा करनी होगी। इस ललक, इस आकर्षण का मुख्य माध्यम होगा सूचना प्रौद्योगिकी और तकनीक।

4

नागरिक चुनौती, लोकतंत्र और मीडिया

डॉ. नीरज खत्री, सतीश कुलश्रेष्ठ

चुनौती का अर्थ नाकारात्मक कतई नहीं है। बुराई और कमियों को दूर करने तथा अच्छाई और विकास को प्रतिस्थापित करने के लिए प्रतिबद्धता के साथ जो काम किया जाता है उसे स्वीकार करना चुनौती कहा जाता है। किसी भी कार्य के प्रति प्रतिबद्धता और चुनौती एक दूसरे के सम-सामान्य शब्द हैं।

नागरिक चुनौती का आशय वर्तमान में समाज की दशा और दिशा का विहंगम आंकलन है। समाज की दशा किसी से छिपी नहीं है। आधुनिकता की इस दौड़ में हम नैतिकता को त्याग रहे हैं। भारतीय समाज की एकजुटता का आधार यहाँ की बहु–संस्कृति हैं। यह अपने आप में स्वयंसिद्ध है कि यदि बहु–संस्कृति मजबूत होगी तो समाज भी संगठित होगा। राजनीति का आधार मूल्य और नैतिकता हुआ करती थी। देश में आजादी मिलने के साथ ही लोकतंत्र की स्थापना में नैतिकता को महत्व दिया गया था। प्रधानमंत्री स्व0 लाल बहादुर शास्त्री के कार्यकाल तक नैतिकता के आधार पर राजनीति चलती रही। मगर स्व0 श्रीमती इन्दिरा गाँधी के प्रधानमंत्रित्व काल से राजनीति में नैतिकता की कमी और राजनीति का आधार मूल्यों की जगह मुद्दों ने ले लिया। किसान, गरीब की राजनीति करते-करते अब हम जाति और धर्म तक आ गये हैं।

वर्तमान राजनीति का दौर समाज के लिए बहुत खतरनाक है, क्योंकि ''पॉलिटिक्स न होकर पोलीट्रिक्स'' बन गई है। निज स्वार्थ के कारण राजनीति में ऐसी चालबाजी का बोलबाला है जिससे समाज में अनेक बुराइयों का सिलसिला शुरू हो गया। भ्रष्टाचार अपराधीकरण की बात तो दूर की है अब स्वार्थ के लिए राष्ट्र विरोधी गतविधियों से कोई परहेज नहीं है। ऐसे कृत्यों ने भारतीय समाज को ही नहीं; बल्कि लोकतंत्र के लिए भी अनेक चुनौतियाँ उत्पन्न कर दी हैं।

अब यह कहना कि सत्ता जनता में है या शासक में मुश्किल होता जा रहा है। समाज सेवी अन्ना हजारे के आन्दोलन से भारतीय राजनीति की जो दिशा स्पष्ट हुई है उसने लोकतंत्र की दशा को आम जनता की आँखों के सामने स्पष्ट कर दिया है। जनता द्वारा चुनकर गये जनप्रतिनिधि जनता के प्रति अपने कर्त्तव्यों को भूल जाते हैं। जनता, संसद और सांसद के बीच लोकतंत्र का बाँटा जा रहा है। राजनीतिज्ञ भ्रष्टाचार पर लगाम लगाने की जगह उसको बढ़ावा दे रहे हैं।

पिछले कुछ वर्षों से राजनीति के सारे अर्थ बदल गये हैं। अब राजनीति जनसेवा का माध्यम नहीं है। वह अब जनता से सेवा लेने का साधन है। इस बारे में जनता को गलतफहमी नहीं रह गई है कि राजनीति अब केवल उन प्रणेताओं के स्वार्थों की पूर्ति का नाम रह गया है। इसलिए सब कुछ राजनीतिक चश्में से देखा जाने लगा है और हर किसी चीज की गुणवत्ता अब राजनीतिक शुभ-लाभ के तराजू पर तौलकर ही तय की जाने लगी है। काले धन के खिलाफ बाबा रामदेव का आन्दोलन और भ्रष्टाचार को समाप्त कराने के लिए अन्ना हजारे का आन्दोलन, जन और राष्ट्रहित के इन प्रयासों को हर किसी दल ने राजनीतिक चश्मे से ही देखा है। आतंकवादी हमलों और न्यायपालिका द्वारा दोषी ठहराये गये अफजल गुरु और अब्दुल अहमद कसाब को दी गई फाँसी की सजा की गम्भीरता का आंकलन इस बात पर आधारित होता है कि इनके राजनीतिक परिणाम और दुष्परिणाम क्या होने वाले हैं।

लगभग बारह वर्ष पूर्व हमारी आजादी की स्वर्ण जयंती मनाई गई। इस अवसर पर संसद के दोनों सदनों का विशेष सत्र आयोजित हुआ। छः दिनों तक चला यह सत्र एक स्वर्णिम शपथ पत्र को अंगीकार करने के बाद समाप्त

हुआ। इस शपथ पत्र में देश के लिए 14 सूत्रीय एजेंडा तय किया गया था। जिसकी कुछ खास बातों में सार्वजनिक जीवन में ईमानदारी और जवाबदेही, राजनीति मे अपराधीकरण से मुक्ति, व्यापक चुनाव सुधार, अर्थव्यवस्था का विवेकपूर्ण प्रबंधन, लिंगभेद की समाप्ति, शिक्षा को रोजगार परक बनाना और एक सशक्त राष्ट्रीय अभियान के जरिये जनसंख्या वृद्धि को रोकना था।

लेकिन हमारे जनप्रतिनिधियों ने संसद में ली गई इस शपथ को भी भुला दिया। सत्ता और स्वार्थ ही उनके लिए सर्वोपरि हो गया है। संविधान विशेषज्ञ सुभाष कश्यप तथा आर. एस. श्रीवास्तव ने अपने–अपने पुस्तकों में लिखा है कि–

"यह दुःख की बात है कि हमारे अधिकांश जन प्रतिनिधि मूलभूत संवैधानिक मूल्यों के अनुरूप, अच्छे एवं जिम्मेदार नागरिकों की तरह आचरण न करके आम मतदाताओं और नागरिकों के बीच मान-सम्मान खो रहे हैं। लोगों को उम्मीद रहती है कि ऊँचे पदों पर बैठे लोग सामान्य नागरिकों की तरह अपनी जिम्मेदारी निभाने में आदर्श स्थापित करें।" –(संविधान विशेषज्ञ सुभाष कश्यप की पुस्तक सिटीजन एण्ड दि कॉन्स्टीट्यूसन)

"लोकतांत्रिक व्यवस्था प्रभावी ढंग से चल सके इसके लिए जरूरी है कि चुने हुए जनप्रतिनिधि जिनके सहारे बड़े आधुनिक लोकतंत्र चलते हैं, ऐसे गुणों से सम्पन्न हों जो एक अच्छे शासक वर्ग के लिए जरूरी है, अच्छे शासक में जो गुण हो उनमें ईमानदारी, न्यायप्रियता, अनुशासन समाज सेवा एवं लोकतांत्रिक मूल्यों के प्रति लगाव।" (संविधान विशेषज्ञ आर.एस. श्रीवास्तव की पुस्तक नागरिक विकास क्यों, क्या और कैसे में)

लेकिन जनप्रतिनिधियों पर कोई टिप्पणी करने से अच्छा है कि जनता स्वयं अपने नज़रिये से उन्हें देखें। करोड़ों के घोटाले, जेल गये मुख्यमंत्री, मंत्री और सांसद। अब कहने को कुछ नहीं बचा। लोकतंत्र का नाम तो बाकी है, लेकिन आत्मा मर रही है।

सजग प्रहरी के रूप में मीडिया

राजनीति और लोकतांत्रिक मूल्यों का पतन कहीं राष्ट्र के लिए चुनौती न बन जाये। इस समय की संवेदनशीलता को समझते हुए मीडिया ने

राजनीतिज्ञों की काली करतूतों का खुलासा करना शुरू कर दिया है। साधारण परिवार में जन्में राजनीतिक दलों के नेता एकाएक ऊँचे-ऊँचे महलों में कैसे रहने लगे हैं? इसकी जानकारी मीडिया ने आम जनता को देनी शुरू कर दी है। दोहरी जिन्दगी जीने वाले इन नेताओं की कथनी और करनी में फर्क भी उजागर होने लगा है।

स्वार्थी नेताओं और दलों की कार्य प्रणाली को मीडिया ने आम जनता में लाना शुरू कर दिया है। मीडिया लोकतंत्र के चौथे स्तम्भ के रूप में समाज को मजबूत दिशा दे रहा है। लोकहित की रक्षा के लिए सरकार पर नियंत्रण रखते हुए, लोकतांत्रिक प्रक्रिया को मजबूती प्रदान करने का काम मीडिया के द्वारा हो रहा है। आज हम जिस सामाजिक परिवर्तन के दर्शन कर रहे हैं, उसका श्रेय मीडिया को ही जाता है। व्यक्ति भले ही अभावों में जीवनयापन कर रहा हो, लेकिन वह अभावों के लिए जिम्मेदार लोगों को अच्छी तरह समझ रहा है। आम जनता के हित के लिए जारी किया गया धन, उस तक क्यों नहीं पहुँच रहा, यह अब अच्छी तरह सभी को मीडिया के माध्यम से समझ में आ गया है।

लोकतंत्र में कार्यपालिका, व्यवस्थापिका और न्यायपालिका के समुचित ढंग से कार्य करने के कारण लोकतंत्र के चौथे स्तम्भ मीडिया को अपनी सकारात्मक भूमिका की जिम्मेदारी का अहसास है। आज के समय का सबसे बड़ा सरोकार नकारात्मकता को सकारात्मकता में बदलना है। इस दिशा में मीडिया सशक्त भूमिका निभा रहा है। इसलिए सामाजिक परिवर्तन के प्रारम्भिक लक्षण नजर आने लगे हैं। समस्या इन परिवर्तनों को गति प्रदान करने की है।

तलवार की धार पर मीडिया

वर्तमान दौर में मीडिया की भूमिका भी बहुत संवेदनशील है। समय-समय पर उसकी नियत पर भी सवाल उठते रहे हैं। मीडिया को भी जनता के प्रति जवाबदेह बनाना होगा। कलम में तलवार की ताकत होने का एक प्रतीक था। कलम का इस्तेमाल समाप्त होने का अर्थ यह नहीं कि मीडिया की ताकत समाप्त हो गई। वास्तविकता यह है कि ताकत कलम में नहीं दिमाग में होती है। मीडिया की भूमिका पर तमाम तरह के सवाल उठ रहे हैं। पेड न्यूज और

सनसनी के तौर तरीकों के चलते पत्रकार-पत्रकार नहीं रहा। भारतीय पत्रकारिता पर भी उंगलियाँ उठने लगी हैं। उसके सामने साख और सरोकार दो सवाल खड़े हैं।

यह बात समझनी होगी कि मीडिया जनता के लिए और जनता के द्वारा है। मीडिया को अपनी साख कायम रखने के लिए आम आदमी के प्रति जवाबदेह बनना होगा। इसके लिए मीडिया से जुड़े लोगों को तत्कालिक लाभ त्याग कर आम आदमी की आवाज बनना होगा।

राजनीति की तरह ही मीडिया में भी लोकतांत्रिक जवाबदेही समाप्त होती जा रही है। मीडिया में आम आदमी के लिए कोई जगह नहीं रही। मीडिया में राजनीतिक पूँजीपतियों और अपराधियों का दखल मीडिया ग्रुपों की तरक्की के आँकडे देखकर समझा जा सकता है। कुछ मीडिया ग्रुप पूँजीपतियों से जुड़े हैं, जो आम आदमी की चिन्ता छोड़ अपने स्वार्थ पूरे कर रहे हैं। राजनीतिक दलों ने भी कुछ मीडिया घरानों को अपने प्रभाव में ले लिया है। मीडिया की नीयत पर भी आरोप लगाये जाते रहे हैं। मीडिया की क्षमता पर सवाल उठाने वालों में प्रेस परिषद के अध्यक्ष मार्कंडेय काटजू भी शामिल हैं। उनकी टिप्पणी मीडिया संगठनों के गले नहीं उतर रही। आज के समय यह आवश्यक है कि मीडिया जनता के प्रति अपनी उपादेयता और सार्थकता बनाये रखे।

अनौपचारिक प्रजातांत्रिक संस्थाओं पर अंकुश लगाना सत्ता का उद्देश्य हुआ करता है। लेकिन इन संस्थाओं का अस्तित्व एक ही वजह से अक्षुण्ण रहेगा और वह यह है कि ये संस्थाएँ जनता के प्रति अपनी उपादेयता को सिद्ध करें।– (ब्रॉडकास्ट एडीटर्स एसोसिएशन के महासचिव – एन.के. सिंह आलेख शीर्षक मीडिया की नियत पर भेजा सवाल)

पारम्परिक तौर से मीडिया की दो तरह की भूमिका है। पहली खबरों से रुबरु कराना यानि सूचना देना और दूसरी उनको मनोरंजक बनाना। फिलहाल भारत संक्रमण दौर से गुजर रहा है। हम सभी सामंती युग से आधुनिक युग के बीच आगे बढ़ रहे हैं। इस दौर ने मीडिया की तीसरी भूमिका भी तय कर दी है, वह है वैचारिक नायकत्व की भूमिका। पहली दो भूमिकाओं में मीडिया नब्बे प्रतिशत मनोरंजन और दस प्रतिशत सूचनायें पहुँचाने में

सफल हैं। देश की अस्सी प्रतिशत जनता गुरबत की जिन्दगी जी रही हैं बेरोजगार, मँहगाई, स्वास्थ्य सेवा और शिक्षा से जुड़ी अनगिनत समस्याएँ उनके साथ हैं। ऊपर से सिर छिपाने के लिए लोगों के पास छत तक नहीं है।– (प्रेस परिषद के अध्यक्ष मार्कंडेय काटजू का ***आलेख–उम्मीद के आगे बौना होता हमारा मीडिया)***

मीडिया की तीसरी भूमिका यानि देश को वैचारिक नायकत्व प्रदान करने की बात पूरी तरह से नदारद है। जनता जैसा चाहती है मीडिया वैसा ही परोसता है। यानि 'मीडिया समाज का दर्पण है' की बात कहकर अपने उत्तरदायित्व से बचना काफी नहीं है। मीडिया कोई सामान्य कारोबार नहीं है जो वस्तुओं के लेन-देन पर आधारित हो। इसलिए अत्यधिक पिछड़ी और जातिवादी, साम्प्रदायिकता एवं अंधविश्वास से डूबी जनता की, मनोरंजन की, हल्के–फुल्के चीज़ें परोसने की जगह मीडिया को उनके मानसिक स्तर को ऊँचे उठाने पर जोर देना चाहिए। इस तरह जनता को मीडिया द्वारा प्रबुद्ध भारत का हिस्सा बनाया जाना चाहिए।

यदि मीडिया देश को वैचारिक नायकत्व प्रदान करने की भूमिका में असफल रहता है तो यह समझ लेनी चाहिए कि लोकतंत्र के तीन स्तम्भों की तरह जनता के सामने चौथे स्तम्भ का महत्व बहुत गौण हो जाएगा। हमें यह जानकर भी सावधान हो जाना चाहिए कि जनता, जनतंत्र का पाँचवा स्तम्भ है और इन चारों स्तम्भों से कहीं अधिक मजबूत है, उसके खड़े होने में देर नहीं लगती।

सोशल नेटवर्किंग

अन्ना हजारे के आंदोलन को लेकर सारी जनता एक साथ क्यों जाग उठी। क्या यह बदलाव बुनियादी है या फिर पानी का बुलबुला जो समय के साथ फूट जाएगा। संविधान के सभी स्तम्भों को इस गफलत में नहीं रहना चाहिए। पिछले दशक में संचार तकनीकों ने जबरदस्त छलाँग लगाई है। फेसबुक, सेलफोन ने पूरे विश्व का एक चौपाल के रूप में बदल दिया है। अब आम जनता के बीच विचारों के आदान-प्रदान की खुली आजादी है। **विगत वर्षों में जन–आंदोलनों का आभाव था इसी कारण शासक और राजनीतिक वर्ग में बुराइयाँ पैदा हो गईं। शासक वर्ग अहंकार का शिकार**

हो गया। उसे लगने लगा कि वह कुछ भी कर सकता है। लेकिन संचार तकनीकी साधनों ने उसकी सोच को बदलने का सिलसिला शुरू कर दिया है। अनेक देशों की सरकारें और तानाशाह फेसबुक, गूगल तथा सेलफोन से डरने लगे हैं।

(आशुतोष मैनेजिंग एडीटर आईबीनएन–7 आलेख बदलिये वरना जनता आती है)

विगत दो वर्षों से टयूनेशिया मिस्र, लीबिया, सीरिया, मोराक्को, जॉर्डन, यमन, अल्जीरिया आदि देशों में जन–आंदोलनों को गति देने में संचार तकनीकी की महत्वपूर्ण भूमिका रही है। इन साधनों से जनता स्वयं वैचारिक क्रान्ति से जुड़ गयी है। भारत में भी अभी शुरुआत है। मीडिया को भली प्रकार इन हालातों को समझकर अपने दायित्व को कतई नहीं भूलना चाहिए।

5

परिभाषित मीडिया : स्वामित्व और संपादकीय नियंत्रण का प्रश्न ?

बच्चा बाबू

विगत दो दशकों से हम वैश्वीकरण के परिवेश में जी रहे हैं इस अवधि में भारतीय गणतंत्र की लगभग सभी महत्वपूर्ण संस्थाएँ वैश्विक पूँजीवाद से कुछ–न–कुछ प्रभावित हुई हैं। इन संस्थाओं के चरित्र और कार्यशैली में गुणात्मक परिवर्तन भी आए हैं। वैश्वीकरण के व्योम में जनकल्याणकारी शब्द कहीं गुम हो चुका है।

हम परंपरागत रूप से प्रेस या मीडिया को लोकतंत्र का चौथा स्तंभ या पहरूआ के रूप में देखते समझते आए हैं। इसलिए देश के प्रत्येक संवेदनशील व जागरूक नाग्रिक का यह सोचना कर्त्तव्य है कि यह प्रहरी वर्तमान परिवेश में अपनी अपेक्षित व वांछित भूमिका निभा रहा है? क्या वैश्वीकरण ने इसके मूलभूत चरित्र को परिवर्तित किया है? क्या इसने इसकी ऐतिहासिक हस्तक्षेपधर्मिता आज भी जीवित है? अतः आज के परिवर्तित परिवेश और भविष्य के संभावित संकटों के मद्देनजर इन प्रश्नों पर चिंतन-मंथन की गंभीर आवश्यकता है।

1975 के आपातकाल जैसी घटनाचक्र की पृष्ठभूमि में 1978 में दूसरे आयोग का जन्म होता है। इस आयोग ने करीब चार वर्षों तक भारतीय प्रेस,

उसके स्वामित्व, संरचना, व्यवसायिकता, औद्योगिक–व्यापारिक संबंध, प्रबंधकों के हस्तक्षेप व संपादकीय स्वतंत्रता जैसे पक्षों का अध्ययन किया और महत्वपूर्ण सिफारिशें भी दी लेकिन सबसे अधिक जोर जिस बात पर दिया गया वह था मीडिया स्वामित्व के संकेद्रण को पूर्णरूपेण डिलिंक करना। द्वितीय आयोग ने इतना स्पष्ट मत व्यक्त किया था कि 'एकाधिकारवादी' घरानों से मीडिया को डिलिंक करने के लिए सरकार को चाहिए कि देश के बड़े मीडिया घरानों का सार्वजनिक अधिभार ग्रहण करे लेकिन क्या नतीजा निकला? हालाँकि कई विश्लेषक यह मानते हैं कि भारत की भौगोलिक, क्षेत्रीय, सामाजिक–सांस्कृतिक बहुलता और विविधताओं के कारण मीडिया उद्योग में संकेद्रण और एकाधिकार की गुंजाइश बहुत कम है, लेकिन वर्तमान मीडिया परिदृश्य में इन प्रवृत्तियों को स्पष्ट देखा जा सकता है।

'पब्लिक स्फेयर' शब्द के जनक हैबरमास कहते हैं कि एक गतिशील और जीवंत लोकतंत्र के लिए 'पब्लिक स्फेयर' का होना एक अनिवार्य शर्त है, लेकिन इसके लिए जरूरी है कि संस्थानिक रूप से यह 'पब्लिक स्फेयर' न सिर्फ राज्य के दबाव प्रभाव से मुक्त हो बल्कि वह निजी पूँजी के कब्जे से भी स्वतंत्र हो। आधुनिक उदार पूँजीवादी समाजों में पब्लिक स्फेयर का सबसे प्रभावी घटक मीडिया है। अतः इस संदर्भ में यह जरूरी है कि भारतीय मीडिया में विविधता और बहुलता की मौजूदगी हेतु उस पर नियंत्रण, स्वामित्व और संकेद्रण की छानबीन की जाए।

अपने मशहूर किताब 'मीडिया मोनोपोली' के पहले संस्करण में 'बेन बैग डिकियान' का आंकलन था कि अमेरिकी मीडिया बाजार के पचास प्रतिशत से अधिक कारोबार पर सिर्फ 50 बड़ी कंपनियों का कब्जा है, लेकिन वर्ष 1987 आते-आते इनकी संख्या 26 और 1990 तक मात्र 23 रह गई। 2000 में उनकी किताब के छठे संस्करण तक स्थिति यह थी कि सिर्फ 10 बड़ी कंपनियों ने अमेरिकी मीडिया बाजार का 50 प्रतिशत से अधिक हिस्सा पर कब्जा कर लिया, और आज यह संख्या मात्र 6 है। जिनके नाम हैं :टाइम बार्नर, न्यूज कार्पोरेशन, डिजनी, बर्तेल्स्यान, वॉयाकाम और बिबेंडी यूनिवर्सल।

अब सवाल यह उठता है कि क्या भारत में भी इसी तरह के मीडिया स्वामित्व एकाधिकार और संकेद्रण की प्रवृत्ति या संकेत दिखाई दे रहे हैं?

उत्तर हाँ। यह जरूर है कि अभी इसकी तस्वीर इतनी स्पष्ट नहीं है कि एकबारगी नज़र में हम इसे कटघरे में खड़ा कर सकें। एक नई प्रवृत्ति जो भारतीय मीडिया में तेजी से उभर रहा है वह है : 'क्रॉस मीडिया ट्रिटीशिप' अगर इसे हम इसे व्यावसायिक भाषा में परिभाषित करें तो इसका अर्थ यह होता है कि बड़े मीडिया घरानों का संबंध एक से अधिक माध्यमों पर होना। 'सी.एम.एस.' के स्त्रोतों के मुताबिक मीडिया कंपनियों की क्रॉस मीडिया उपस्थिति इस प्रकार है–

1. **सन टीवी समूह**– समाचार मीडिया, टीवी, केबल, समाचार पत्र, पत्रिका, डीटीएच, फिल्म, एफएम रेडियो, वेब।
2. **स्टार इंडिया**– समाचार मीडिया, टीवी, केबल, डीटीएच, फिल्म, एफएम रेडियो, वेब।
3. **जी.टीवी**– समाचार मीडिया, टीवी, केबल, डीटीएच, फिल्म, एफएम रेडियो, वेब, शिक्षा, निर्यात, म्यूजिक, थियेटर।
4. **इनाडू समहू**– समाचार मीडिया, टीवी, फिल्म, वेब, होटल, फाइनेंस, रिटेल, फिल्म वितरण, स्टूडियो।
5. **इंडिया टुडे**– समाचार मीडिया, टीवी, केबल, डीटीएच, फिल्म, एफएम रेडियो, वेब, शिक्षा, इवेंट, प्रकाशन।
6. **बैनेट कोलमैन**– समाचार मीडिया, टीवी, केबल, डीटीएच, फिल्म, एफएम रेडियो, वेब।
7. **आनंद बाजार**– समाचार मीडिया, टीवी, मोबाइल, प्रकाशन वेब।
8. **भास्कर समूह**– समाचार मीडिया, टीवी, केबल, डीटीएच, फिल्म, एफएम रेडियो, वेब, बिजली, रियल इस्टेट, शिक्षा।
9. **जागरण**– समाचार मीडिया, टीवी, केबल, डीटीएच, फिल्म, एफएम रेडियो, वेब, शापिंग मॉल्स, रियल इस्टेट। इत्यादि।

उपर्युक्त तथ्यों से साफ है कि भारतीय मीडिया उद्योग के विस्तार और विकास के बावजूद इस क्षेत्र के खिलाड़ियों की संख्या लगातार घटती जा रही है। मीडिया स्वामित्व के सकेंद्रण का नतीजा अखबारों और चैनलों के कंटेंट में पड़ना तय था। बड़े अखबारो ने केंद्रीय संपादकीय कक्ष तैयार करवा कर मीडिया में अदृश्य आंतरिक औपनिवेशवाद की स्थापना लगभग कर दी है। इसका सबसे बड़ा दुष्परिणाम क्षेत्रीय मुद्दे सिर्फ खबर बनकर ही रह

गई हैं। उस पर बड़े फलक पर चर्चा का स्पेस समाप्त होता जा रहा है। यह प्रवृत्ति एक मायने में पेड न्यूज से भी ज्यादा घातक है। क्योंकि ये अखबार अपने एकीकृत संपादकीय और न्यूज रूमों व संपादकीय नीतियों के कारण एक ऐसे समाज का निर्माण कर रहे हैं जहाँ दूसरे किसी मत को अभिव्यक्त करने का कोई मंच ही नहीं रहेगा।

अगर हम इन संदर्भों को वैश्विक मीडिया में ढूढेंगे तो हम पायेंगे कि पूरी वैश्विक मीडिया व्यवस्था पर इस वक्त मुश्किल से नौ–दस मीडिया निगमों का प्रभुत्व है, और इनमें से अनेक निगमों का एक–तिहाई से भी अधिक कारोबार अपने मूल देशों से बाहर दूसरे देशों में होता है। उदाहरण के लिए रूपर्ट मोडर्क के न्यूज कार्पोरेशन का अमेरिका, कनाडा, यूरोप, आस्ट्रेलिया, एशिया और लैटिन अमेरिका में मीडिया के एक अच्छे खासे हिस्से पर स्वामित्व है। मीडिया उद्योग एक तरह का सांस्कृतिक और वैचारिक उद्योग है। इन उद्योगों पर नियंत्रण का अर्थ होता है किसी देश की राजनीति और संस्कृति पर नियंत्रण।

पिछले कुछ बर्षों में संपादक और मालिक के बीच की रेखाएँ धुँधली हुई हैं। मालिक संपादक बन गए हैं या कई संपादक मालिक बन चुके हैं, तो जाहिर सी बात है कि एक पत्रकार और एक मालिक के हित आपस में टकरायेंगें ही। मालिकों के कामयाबी की कुँजी सर्कुलेशन बढ़ने या चैनलों के रेटिंग से होती है, ताकि उसे ज्यादा से ज्यादा विज्ञापन मिले इसलिए मालिक वैसे संपादकों की नियुक्ति करेगा जो उसके इस उद्देश्य को पूरा करे। इस प्रवृत्ति ने संपादकीय हस्तक्षेप को बढ़ाया है। ऐसा नहीं था कि भारतीय मीडिया में आए इन बदलावों को लेकर पहले चिंता जाहिर नहीं कि गई थी। 1978 के दूसरे प्रेस आयोग की सिफारिशों में स्वामित्व एकाधिकार, संकेंद्रण, क्रॉस मीडिया ऑनरशिप एवं संपादकीय नियंत्रण जैसी खतरनाक मीडिया प्रवृत्तियों को रोकने हेतु एक मजबूत कानून की अपेक्षा जताई गई थी, मगर बड़े पूँजीपति मालिकों के दबाव में इसका कोई ठोस नतीजा नहीं निकल सका। इन बदलावों पर चिंता व्यक्त करते हुए भारत के उपराष्ट्रपति हामिद अंसारी जी कहते हैं कि **"भारतीय मीडिया पर बाजारवाद इतना हावी हो चुका है कि इसने मीडिया संगठनों के गुणसूत्रों (डीएनए) को बदलकर रख दिया है।"**

अब यह सर्वविदित है कि देश की प्रतिष्ठित प्रेस या प्रभुवर्गीय समाचार घराने जूट प्रेस के रूप में भी विख्यात रहे हैं महानगरीय स्थित इन बहुसंस्करणीय समाचार पत्र समूहों के स्वामियों के औद्योगिक व व्यापारिक हित ढेरों नामी–बेनामी उद्योग धंधों में जुड़ गए हैं, तो जाहिर सी बात है मीडिया घराने प्रत्यक्ष या अप्रत्यक्ष रूप से अपने औद्योगिक हित हेतु इन सूचना माध्यमों का इस्तेमाल करेंगें हीं। इसको इस तरह भी समझा जा सकता है कि भारत के शीर्ष कार्पोरेट प्रमुख किसी न किसी मीडिया समूह के निदेशक बोर्ड में बैठे आपको मिल जाएँगें यह वाकई "कार्पोरेट इंटरेस्ट के भीतर कार्पोरेट इंटरेस्ट है।" (निकट के संबंधियों के बीच व्यभिचार)

मीडिया के एक प्रमुख जबावदेही या चुनौतियाँ यह भी है कि वह अपने समय की सबसे प्रभावशाली प्रक्रिया असमानता के साथ कैसे जुड़ता है ? जिस मीडिया मुगल (रूपर्ट मार्डोक) को हम विश्व मीडिया का सबसे दुर्गंधशाली शख्सियत कहते हैं उसका भारतीयकरण हो चुका है। जिसे मोर्डोकिकरण की प्रक्रिया कहा जा सकता है। यह भारतीय परिदृश्य में बिना मर्डोक के मर्डोकीकरण है। रूपर्ट मर्डोक ने पत्रकारिता में नए व्यापारिक मॉडल की तब शुरूआत कि जब उसने आस्ट्रेलिया तथा ब्रिटेन में कई अखबारों पर अपना अधिग्रहण कर चुका था, और फिर अमेरिका में फॉक्स न्यूज चैनल स्थापित की जो कि दुनिया का सबसे दक्षिणपंथी टीवी चैनल है।

मर्डोक मॉडल में तीन चीजें हैं:– एक अखबार या चैनल के संपादकीय कार्य की स्वायत्ता को प्रबंधन और विपणन विभागों द्वारा समाचार, लेखों, संपादकीय पृष्ठ, फीचर पृष्ठों और सारी की सारी पत्रकारिय विषय–वस्तु के डिजाइन पर पूरी तरह नियंत्रण कर उसे समाप्त करना। दूसरा तत्व यह है कि आक्रमक कीमतें रखकर बाजार को नियंत्रित कर अपनी जगह बनाना। मर्डोक फार्मूले का तीसरा सूत्र है राजनीतिक सौदेबाजी करना और संपादकीय सामग्री को सप्रयास दक्षिणपंथी रूझान देना। इसका अर्थ है बेशर्मी से कार्पोरेट जनित वैश्वीकरण को बढ़ावा देना।

संदर्भ सूची

1. बी बैग्दीयन (1992), द मीडिया मोनोपोली (चौथा संस्करण) बोस्टन, बेकन प्रेस

2. एस. हरमन, एडवर्ड और आर. डब्लयू मैकेचेस्नी (1998), द ग्लोबल मीडिया : द न्यू मिशनरिज ऑफ कार्पोरेट कैपटलिज्म, दिल्लीः माध्यम बुक्स।
3. एस. हरमन, एडवर्ड नॉम चोमस्की (1988), मैन्युफैक्चरिंग कन्सेंटः द पॉलिटिकल ऑफ द मास मीडिया, न्यूयार्क, पैंथन बुक्स।
4. पी गुहा ठकुराता (2009) मीडिया इथिक्सः ट्रूथ, फेयरनेस एंड ऑब्जेक्टिीबिटी, मेकिंग एंड ब्रेकिंग न्यूज, नई दिल्ली, ऑक्सफोर्ड यूनिवर्सिटी प्रेस।
5. जेरोम बैरोन, फ्रीडम ऑफ द प्रेस फॉर हूम? द राइट ऑफ एक्सेस टू द मास मीडिया, कैंब्रिज यूनिवर्सिटी प्रेस, 2002।
6. रॉबिन जैफ्री, इंडियाज न्यूजपेपर रेवोल्यूशन, ऑक्सफोर्ड, 2003।
7. मीडिया कल्चर एंड सोसायटीः अ क्रिटिकल रीडर, सेज, लंदन, बेवर्ली हिल्स, न्यूबरी पार्क और दिल्ली।

6

वैश्विक संस्कृति की स्थापना में दृश्य एवं श्रव्य माध्यमों का महत्त्व

डॉ0 विभा नायक

भूमंडलीकरण के इस युग में आज प्रत्येक व्यक्ति और वस्तु की ग्लोबल पहचान बन रही है। संचार क्रांति की बदौलत दुनिया मानों सिकुड़ सी गई है, सभी चीज़ों का आदान–प्रदान संभव हो गया है, साथ ही व्यापक भागीदारी भी सुनिश्चित हो सकी है।

इसी संदर्भ में जब हम संस्कृति और उसके वैश्वीकरण की चर्चा करते हैं तो हम यह तय पाते हैं कि विगत कुछ दशकों में मीडिया ने हर देश को सांस्कृतिक स्तर पर जोड़ने का तो काम किया ही है साथ ही उसको व्यापक स्तर पर पहचान देने में भी कामयाब हुआ है।

संस्कृति शब्द को व्याख्यायित करते हुए श्री राजगोपालाचारी ने लिखा था कि 'किसी भी जाति अथवा राष्ट्र के शिष्ट पुरुषों में विचार वाणी एवं क्रिया का जो रूप व्याप्त रहता है, उसी का नाम संस्कृति है।' संस्कृति इतिहास की तरह घटनात्मक नहीं होती और न ही वह कालानुक्रम में बँधने के लिए विवश है। वह तो वैयक्तिक जातीय एवं राष्ट्रीय मानसिकता में मुक्त विचरण करती है।

भूमंडलीकरण के आगमन ने जहाँ एक ओर संस्कृति संबंधी अवधारणा को बदला है, वहीं उसे नए सिरे से परिभाषित करने का भी प्रयास किया गया है। शुरुआत से यह माना माना जाता रहा है कि संस्कृति का न तो हस्तांतरण हो सकता है और न ही ग्रहण। वह तो मूलतः व्यक्ति के मानसिक विकास को रेखांकित करती है, मगर पॉपुलर कल्चर ने स्थूल तौर पर अवधारणा को गलत साबित किया है। वास्तव में संस्कृति उपभोक्तावाद एवं बाज़ारवाद के साथ हमारे देश में प्रवेश करती चली जा रही है और हम भी उसे सहजता से स्वीकारते चले आए हैं। बाज़ार के दबाव में पश्चिम से आयातित संस्कृति हमारे आधुनिक होने के स्वांग को ऊपरी तौर पर तुष्ट करती है और इन सब चीज़ों को जो उत्प्रेरित एवं अभिप्रेरित कर रहा है–मीडिया। समाज का चिंतन, सोच, रहन-सहन इन सबको प्रभावित करने में मीडिया की भूमिका है।

वास्तव में भूमंडलीकरण एक उन्मुक्त बाज़ारु संस्कृति है जो विश्व को एक इकाई बना रहा है और इस इकाई में चीज़ों की वैश्विक पहचान बनाने में प्रिंट एवं इलेक्ट्रॉनिक मीडिया दोनों की बराबर हिस्सेदारी रही है। दृश्य–श्रव्य एवं जनसंचार माध्यम ने तो आज के बदलते हुए परिवेश में नए सरोकारों को नई सामाजिक तथा जनमानस तथा जनमानस की संरचना को नए भावबोध से प्रस्तुत किया है जिसमें इन माध्यमों का सामाजिक परिवेश इस नई सदी के बदलते सरोकारों के साथ एक नया चेहरा प्रस्तुत कर रहा है।

आधुनिक तकनीक के ज़रिए दृश्य–श्रव्य माध्यम आज के बदलते हुए परिवेश तथा ग्लोबल विलेज की नई संभावनाओं को प्रस्तुत करने का धारदार मानक माध्यम बन गए हैं। आज यह माध्यम इतने शक्तिशाली हो गए हैं कि वह पूरे विश्व को चुनाव, अकाल, ग़रीबी तथा आतंकवाद जैसी घटनाओं के प्रति एक सुर में एक मंच पर प्रस्तुत करने के समक्ष एक नया विश्व आधार मंच तैयार कर रहे हैं।

यह दृश्य–श्रव्य माध्यमों का ही कमाल है कि एक छोटी-से-छोटी घटना एक बड़े-से-बड़े देश के नागरिकों को भी अपनी संवेदनाओं के साथ बाँध सकती है तथा इन्हीं संवेदनाओं के ज़रिए वह दूर-दराज़ चल रहे घटनाक्रम

को अपनी आँखों के सामने देखता हुआ अपनी संवेदनाओं को उसके साथ भावनात्मक स्तर पर जोड़कर विश्व पीड़ा तथा संवेदनाओं के नए मानवीय सरोकारों की नई परिभाषा को परिभाषित करता है तथा इस तरह इन दृश्य–श्रव्य एवं जनसंचार माध्यमों को एक नया आधार भी देता है।

बदलते हुए सामाजिक परिवेश में आज संचार क्रांति ने नई संभावनाएँ उजागर की हैं। इसके साथ ही नए विश्व का चेहरा मोहरा भी सजाया और सँवारा है। सामाजिक विकास में नई दिशा बोध का उदय तो इन माध्यमों के प्रसारण के द्वारा ही हुआ है तथा नई तकनीक के द्वारा कई द्वार भी खुले हैं जिससे ज्ञान, शिक्षा व चिंतन के नए आयाम स्थापित किए गए हैं, किन्तु उसके साथ हमारे समाज को उपभोक्तावादी संस्कृति में लपेटना इन संचार माध्यमों का विशेषकर टीवी, रेडियो का सबसे बड़ा कुसंग प्रभाव है जिसमें उलझकर हमारी पीढ़ी अपने मूल्यों को छोड़कर पश्चिमी हाव–भाव में बह रही है।

प्रसारण माध्यमों की बढ़ती हुई सामाजिक घुसपैठ को जिस तरह से इन माध्यमों ने नया दिशाबोध प्रदान किया है, उससे समाज में नए टीवी व फिल्म संस्कृति वाले पश्चिमी मूल्यों की होड़ सी लगी दिखाई दे रही है। पिछले दो दशकों से जिस तरह से इन दृश्य व श्रव्य माध्यमों द्वारा आकाशी हमला हमारे यहाँ हो रहा है उससे पता चलता है कि इन माध्यमों के प्रभाव ने किस तरह हमारी सामाजिक–सांस्कृतिक नींव तथा परंपरा को हिलाकर रख दिया है। आज पूरे समाज में यहाँ तक कि पूरे दक्षिण एशियाई समाज को गठबंधन तथा पारिवारिक बिखराव का सामना करना पड़ रहा है जिससे पता चलता है कि इन दृश्य श्रव्य माध्यमों का प्रभाव हमारे समाज में किस तरह से बढ़ रहा है।

उपयोगिता की दृष्टि से वैश्विक संस्कृति की स्थापना में दृश्य–श्रव्य माध्यमों ने जो सबसे बड़ा काम किया है– वह है निरंतरता का विकास। यह निरंतरता का विकास ही अनेकता में एकता के तत्वों का संधान करता है।

श्रव्य माध्यम में रेडियो ने समय के साथ अपनी प्रासंगिकता बदली है और आज भी जन–साधारण का जनमाध्यम बनकर टीवी, इंटरनेट के युग

में भी, न सिर्फ अपनी साख बनाए हुए है, बल्कि संस्कृति के वैश्वीकरण में बेहतर पृष्ठभूमि तैयार करने के साथ–साथ उसके विकास में भी महत्त्वपूर्ण भूमिका अदा कर रहा है। रेडियो लोगों को आपस में पारस्परिक अनुभवों के ज़रिए जोड़ता है और ऐसे विषय प्रदान करता है जिनके बारे में दूसरों के साथ विचार–विनिमय किया जा सके। रेडियो हर व्यक्ति की जीवन प्रक्रिया में एक आवश्यक कारक के रूप में कार्य करता है।

20वीं सदी के मीडिया युग ने जिस प्रकार से वैचारिक क्रांति, सामाजिक मान्यताओं, सांस्कृतिक मूल्यों एवं राजनीतिक चेतना के क्षेत्र में अभूतपूर्व परिवर्तन का सूत्रपात किया है, उसे, नया आयाम आज के दिनों में टेलीविज़न प्रसारण की लोकप्रियता दे रहा है। इस संदर्भ में आज पूरे विश्व में टीवी के माध्यम से दुनिया की दूरियाँ मिट गईं हैं। पूरा विश्व आज अपनी सृजनशीलता की कल्पना को छोटे से परदे के माध्यम से देख रहा है। टीवी आज की बदलती हुई विश्व परिकल्पना में बहुत ही महत्त्वपूर्ण संचार माध्यम बनकर उभरा है जो संप्रेषण की तकनीक की दृश्य–श्रव्य की उपस्थिति के साथ संप्रेषण के नए मूल्यों के साथ नए मापदंड जोड़ता है।

इसी प्रकार इंटरनेट के आगमन ने पूरे विश्व की संस्कृति के विलय में एक क्रांतिकारी भूमिका का निर्वहण किया है। इसने विभिन्न देशों के नागरिकों को न सिर्फ व्यवहार और संवाद के स्तर पर जोड़ा है, बल्कि उन सबका विश्वबंधुत्व की भावना से एकीकरण कर ग्लोबल विलेज या विश्व ग्राम की अवधारणा को सत्य साबित किया है।

पूर्व प्रधानमंत्री श्रीमती इंदिरा गांधी ने गुट निरपेक्ष सम्मेलन में इस आशय की तकरीर की थी कि– 'आने वाली शताब्दी को असल में प्रसारण माध्यम ही नियंत्रित कर सकते हैं तथा उसके द्वारा जनमत के प्रभावीकरण की भूमिका को नज़रअंदाज़ नहीं किया जा सकता। उनके अनुसार– यदि सूचना शक्ति है तो यह केवल लादने वाली शक्ति नहीं है, बल्कि विरोध करने वाली शक्ति भी है। हमारे लिए यह हमारे लोगों में जागरूकता बढ़ाने एवं राष्ट्रीय तथा अंतर्राष्ट्रीय मामलों में लोगों की हिस्सेदारी के लिए एक महत्त्वपूर्ण संपदा का कार्य करती है। इससे भी अधिक यह विश्व शांति एवं सद्भाव के लिए एक प्रभावशाली माध्यम है।"

दृश्य–श्रव्य एवं जनसंचार माध्यमों ने सक्रिय होकर जिस प्रकार से अपनी भूमिका निभाइ है, उससे श्रीमती गांधी की वक्तव्य आज पूर्णरूपेण सार्थक हो गया है।

आज के बदलते हुए परिदृश्य में जब शहरीकरण का फैलाव बेतहाशा हो रहा है तथा संपूर्ण परिवेश उपभोक्तावादी औद्योगीकरण तथा व्यावसायीकरण के ज़बर्दस्त नियंत्रण में आ गया है तो संचार प्रसार माध्यमों की भूमिका और भी महत्त्वपूर्ण हो जाती है। यह संचार प्रसार माध्यम ही हैं जो आधुनिक समाज को बदलकर एक नए समाज की संरचना का एक नया अध्याय जोड़ सकते हैं।

7

सांस्कृतिक परंपरा और मीडिया

गुंजन कुमार झा

संस्कृति और परंपरा दोनों ही नित्य गतिमान अवधरणाएँ हैं। इसलिए इनकी सम्यक परिभाषा संभव नहीं है। इतना अवश्य है कि संस्कृति अपने आप में एक परंपरा है और परंपराएँ संस्कृति के अंग हैं। मीडिया एक तीसरी अवधारणा है जो संप्रेषण का व्यापक जरिया है। इसमें व्यक्ति से व्यक्ति का संवाद नहीं होता। यह सिर्फ कहता है – और कहने के क्रम में जन-सामान्य को प्रभावित करता है।

मीडिया मुख्यतः सूचनाओं का प्रसारण केंद्र है, किंतु बदलते परिवेश में वह जन–सामान्य को शिक्षित भी कर रहा है और मूर्ख भी बना रहा है। इतना ही नहीं वह समाज के विचारों को बना–बिगाड़ भी रहा है रुचियों को भी तय कर रहा है। यही कारण है कि मीडिया एक बड़ी शक्ति के रूप में आज स्थापित हो चुका है।

मीडिया तकनीक के सहारे आज घर-घर पहुँच चुका है। संस्कृति और परंपरा तकनीक की मोहताज नहीं है, आधुनिक मीडिया विशेष कर इलेक्ट्रॉनिक मीडिया तो तकनीक की ही उपज है। संगीत, साहित्य, रंगमंच या अन्य कलाएँ तकनीक रहित समाज में भी व्याप्त था – मगर मीडिया का वर्तमान चेहरा तकनीक युग की ही उपज है।

जैसा कि ऊपर कहा गया है कि मीडिया आज एक बड़ी शक्ति के रूप में उभरा है। जो मीडिया उस आम जनता की विचारधारा और रुचियों को तय कर रहा है जो नेताओं के लिए वोट बैंक है और बाजार के लिए उपभोक्ता वर्ग है– जाहिर है उस मीडिया को राजनीति और बाजार रूपी आधुनिक युग की दो केंद्रीय शक्तियों का भरपूर सहारा और समर्थन भी मिलेगा। इतना ही नहीं राजनीति और बाजार मीडिया को अपने तरीके से प्रयोग भी कर रहा है।

सवाल यह है कि मीडिया की क्या अपनी कोई सामाजिक और सांस्कृतिक जवाबदेही भी हैं? सवाल यह भी उठता है कि हमारे पारंपरिक सांस्कृतिक विरासतों और हमारी जातीयता से भी उसका कोई सरोकार है? अभी तक जो स्थिति नज़र आ रही है उसमें इस संदर्भ में कोई स्पष्टता नहीं है। उदाहरण के लिए मुख्यतः दो कलाओं को लें– एक भारतीय संगीत और दूसरा भारतीय रंगमंच। यहाँ जब भारतीय संगीत की बात हो रही है तो वह लोक और शास्त्रीय दोनों तरह का संगीत है और जब भारतीय रंगमंच की बात हो रही है तो वह हिंदी, मराठी, बंगाली व अन्य भारतीय भाषाओं के रंगमंच से संबंधित है।

शास्त्रीय संगीत की जो वर्तमान स्थिति है वह वास्तव में सोचनीय है। सोचनीय इसलिए, क्योंकि यह मीडिया समाज में सर्वहारा है। शास्त्रीय संगीत की बड़ी से बड़ी महफिल मीडिया में अपनी ज़गह पाने में असक्षम रहती है। इससे जहाँ एक ओर आम श्रोताओं से इसका संपर्क समाप्त हो गया है वहीं बड़े से बड़े कलाकारों को भी लोग नहीं जानते। प्रिंट मीडिया जहाँ साप्ताहिक सप्लीमेंट्स में होने वाले दो–तीन कार्यक्रमों की छोटी-सी 'नोटिस' को छाप कर अपनी इतिश्री समझ लेता है वहीं इलेक्ट्रॉनिक मीडिया तो इसे एक सेकेण्ड के लिए भी दिखाना मुनासिब नहीं समझता।

शास्त्रीय संगीत को मीडिया में क्यों जगह नहीं मिलती इस संदर्भ में कुछ शास्त्रीय संगीतज्ञों से बातचीत करने पर यह स्पष्ट हुआ कि एक तो इलेक्ट्रॉनिक मीडिया को वह ग्लैमर ऐसी महफिलों में नहीं मिलता जो फिल्म व टी.वी. कार्यक्रमों में मिलता दूसरा आम प्रेक्षक के लिए भी यह उत्सुकतापूर्ण नहीं जिससे उनकी 'टी.आर.पी' बढ़ने का इसमें कोई अवसर नहीं रहता है।

ऐसे में वह भूतों की कहानी या बलात्कार की घटना का नाट्य रूपांतरण भले ही दिखा ले ऐसे कार्यक्रमों की रिपोर्ट प्रस्तुत नहीं करेगा, क्योंकि इस मीडिया को केवल अपने देखने वालों को 'इन्टरटेंन' करना है उसका 'टेस्ट' नहीं सुधारना।

प्रिंट मीडिया में यदा–कदा शास्त्रीय संगीत की महफिलों की कुछ 'रिपोर्ट्स' छाप दी जाती हैं। रवींद्र मिश्र, शशि प्रभा तिवारी आदि कुछ संगीत आलोचकों के लेखन कहीं-कहीं पढ़े जा सकते हैं, किंतु इन आलोचनाओं या 'रिव्यूज' का मुख्य लक्ष्य केवल औपचारिकता भर रह गया है। सही मायने में शास्त्रीय संगीत पर प्रायः प्रिंट मीडिया अब खामोश होने लगा है। जो कुछ संगीत की महफिलों की 'रिव्यूज' आ रही हैं वे प्रायः सतही हैं। कार्यक्रम की केवल रिपोर्ट भर दे दी जाती है। यथा–" इसमें फलाँ कलाकार ने, फलाँ दिन, फलाँ राग, फलाँ ताल में गाई। उसमें उन्होंने आलाप भी लिया और तानें भी ली।" मानो राग में आलाप और तान लेकर कलाकार ने कोई बड़ा विशिष्ट काम कर दिया। ध्यातव्य है कि राग गायकी में आलाप और तानें लेना जरूरी है, यह उसकी प्रकृति है विशेषता नहीं। इससे अनुमान किया जा सकता है कि लिखने वाला संगीत का कितना जानकार है या कम से कम संगीत की दृष्टि से कितना सतही है।

वास्तव में हम पत्रकारिता के छात्रों को राजनीति और बाजार का तो ज्ञान दे रहे हैं, किंतु उससे अपनी संस्कृति और जातीय परंपरा का कोई बोध विकसित नहीं कर रहे हैं और इस तरह उन्हें जड़हीन बना रहे हैं। ग्वालियर घराने के अंतिम प्रतिनिधि गायक पं0 एल. के पंडित जी का मत है कि पत्रकारों को प्रशिक्षण के दौरान ही जैसे फिल्म समीक्षा हेतु अलग से पढ़ाया जाता है उसी तरह शास्त्रीय व पारंपरिक कलाओं का भी ज्ञान दिया जाना चाहिए। इतना ही नहीं विशेषज्ञता के आधार पर इसे और भी गहन किया जा सकता है। मसलन शास्त्रीय की आलोचना हेतु शास्त्रीय संगीत का ज्ञान दिया जाना चाहिए। इससे अख़बारों में उसका 'रिव्यू' व लेख प्रमाणिक होगा।

यदि राष्ट्रीय नाट्य विद्यालय के 'थियेटर फेस्टिवल' को छोड़ दें तो साल भर होने वाले हजारों नाट्य–मंचनों के बारे में भूलवश ही कभी कोई 'रिपोर्ट' या 'रिव्यू' दिखाई–सुनाई देती है। नाटकों से आम प्रेक्षकों को काफी हद तक

जोड़ा जा सकता था, यदि इसमें मीडिया का समर्थन होता, किंतु मीडिया बड़े बैनरों की फिल्मों की पब्लिसिटी से फुर्सत पाए तब न।

आज दिल्ली प्रदेश में ही छोटी-बड़ी सौ से अधिक नाट्य–संस्थाएँ काम कर रही हैं। मण्डी हाउस और इंडिया हैबिटेट सेंटर के अलावा अन्य अप्रचलित सांस्कृतिक केंद्रों पर इनके मंचन होते रहते हैं। एक बहुत सीमित वर्ग है जो इन्हें यदा–कदा देखता रहता है, किंतु 'मास' इससे नहीं जुड़ा, क्योंकि मीडिया का साथ नहीं है। यदि अख़बार और सभी न्यूज–चैनल्स यह तय कर लें कि उन्हें प्रतिदिन एक निश्चित समय पारंपरिक व सांस्कृतिक हलचलों को देना है तो लोगों की रुचियों का संवर्धन अवश्य होगा।

साहित्य से भी मीडिया का संबंध दूर का होता जा रहा है। इलेक्ट्रॉनिक मीडिया से उसका संबंध उतना स्वाभाविक है भी नहीं, किंतु अख़बारों से तो साहित्य का गहरा रिश्ता रहा है। हिंदी के कई बड़े साहित्यकार स्वयं किसी न किसी बड़े अख़बार से जुड़े हुए थे। इतना ही नहीं, अख़बार को शुरू करने में भी साहित्यकारों की बड़ी भूमिका थी। अख़बारों में अब साहित्यिक पन्ने सिमटते और गायब होते जा रहे हैं। प्रति दिन से सप्ताह में दो दिन, फिर सप्ताह में एक दिन पूरा सप्लीमेंट और अब सप्ताह में एक दिन कभी एक तो कभी आधा पेज। कुल मिलाकर अख़बारों से साहित्य को निष्कासित–सा कर दिया गया है।

संगीत, साहित्य और रंगमंच से मीडिया की इस दूरी को क्या समझा जाए? क्या इसे मीडिया की लापरवाही समझी जाए या उसकी मजबूरी। हम देख पा रहे हैं कि आज सभी प्रमुख मीडिया हाउसेज बड़े कॉरपोरेट जगत के हैं। इस जगत के लिए समाज में मनुष्य नहीं उपभोक्ता बसता है। यह मूल्यों को नहीं कीमतों को प्रश्रय देता है और इसके लिए मीडिया केवल एक दुकान भर है जहाँ खबरों का व्यवसाय होता है। ऐसे मीडिया से किसी भी तरह की जवाबदेही की उम्मीद करना संभवतः अतिरिक्त आशावादिता है। मगर इसी आशावादिता में हमें संभावनाओं को खोजना होगा। जरूरत इस बात की है कि मीडिया राजनीति और बाजार की कठपुतली न बने और अपनी जड़ों के साथ आगे चले।

8

अभिभावक की नज़र में मीडिया

आबिद अली

संचार मानव जीवन का वह महत्त्वपूर्ण आधार स्तंभ है जिसके द्वारा समाज में मानवीय संबंध बनते हैं और निरंतर विकसित होते हुए समाज का निर्माण करते हैं। संचार यानि दो या दो से अधिक व्यक्तियों के बीच का संवाद, एक–दूसरे के साथ सूचना का आदान–प्रदान, हाव–भाव एवं विचारों की सहभागिता। संचार के लिए प्रयोग किए जाने वाले साधनों को मीडिया (माध्यम) कहा जाता है। मीडिया से तात्पर्य समाचार–पत्र, पत्रिका, रेडियो, टेलीविजन, सिनेमा, कम्प्यूटर, इंटरनेट आदि से है।

मीडिया अथवा जनसंचार माध्यम किसी भी समाज या देश की वास्तविक स्थिति के प्रतिबिंब होते हैं। देश में सामाजिक, राजनीतिक, आर्थिक, सांस्कृतिक आदि स्तर पर क्या कुछ घट रहा है, इसे जन साधारण मीडिया के माध्यम से ही जान पाता है। जनसंचार के विभिन्न आयामों ने समस्त भूमंडल को अपनी परिधि में ले लिया है। मीडिया की शक्ति का आंकलन इसकी व्यापक पहुँच से किया जा सकता है, किन्तु इसकी व्यापक शक्तियों एवं स्वतंत्रता के कारण मीडिया की देश व समाज के प्रति महत्वपूर्ण जिम्मेदारी भी है, इसलिए लोकतंत्र में विधायिका, कार्यपालिका एवं न्यायपालिका के बाद मीडिया को चौथा स्तंभ माना जाता है।

मीडिया के विभिन्न रूपों में से कुछ रूप अपनी पैठ ज्यादा बनाए हुए हैं। मीडिया में जहाँ समाचार–पत्र, पत्रिका और रेडियो अपना एक महत्वपूर्ण भूमिका निभा रहे हैं वहीं आज के तकनीकी युग में टीवी, इंटरनेट, सिनेमा आदि भी बहुत अहम स्थान रखते हैं।

इनमें टीवी का प्रचलन और वर्चस्व आधुनिक समाज को अधिक और तीव्र गति से प्रभावित कर रहा है, और अब इंटरनेट ने भी अपने पाँव पसारने शुरू कर दिए हैं। वर्ष 2002 में किये गये एक राष्ट्रीय सर्वे में पाया गया था कि भारत में आम आदमी एक अख़बार को पढ़ने के लिए मुश्किल से 32 मिनट खर्च करता है, जबकि टेलीविजन देखने के लिए सौ मिनट। युवा पीढ़ी की बात की जाए तो वे अख़बार पढ़ने के लिए बेहद कम समय खर्च करते हैं, जबकि टेलीविजन और इंटरनेट के साथ अधिक समय बिताना पसंद करते हैं। इसी कारण आज मीडिया के नाम पर लोगों के मानस पटल पर अधिकतर टी.वी तथा इसमें भी टी.वी के कुछ चैनलों का चित्र उभरता है। आधुनिक तकनीक तथा पंश्चिमी सभ्यता के प्रभाव के चलते टी.वी कार्यक्रमों में आए बदलाव के कारण लोगों को टी.वी के नकारात्मक पक्ष ज्यादा दिखाई देने लगे हैं। जिस कारण संपूर्ण मीडिया जिसमें टीवी के साथ अन्य माध्यम भी आते हैं की प्रासंगिकता पर प्रश्नचिह्न लग गया है। मीडिया के प्रभावों की बात करें तो यह प्रस्तुति पर निर्भर करता है कि हम आम जनमानस को क्या परोस रहे हैं। यह सुनिश्चित है कि परोसी गई सामग्री का असर उसके अनूकुल ही होता है।

रेडियो की बात करें तो आकाशवाणी का नारा ही ''बहुजन हिताय बहुजन सुखाय'' है। आकाशवाणी ने भारत में आरंभ से ही आम जनमानस को शिक्षित, सूचित एवं मनोरंजित करने का काम बड़ी ईमानदारी से सही ढंग से किया है और देश के विकास में अपनी अहम भूमिका निभाई है। अगर मुद्रित माध्यम की बात करें तो एक उद्धरण के अनुसार प्राचीन काल में महिलारोप्य राज्य के राजा अमरशक्ति के बच्चों को नैतिक शिक्षा एवं व्यावहारिक जीवन से संबंधित जानकारियाँ देने के लिए श्री विष्णु शर्मा द्वारा पंचतंत्र की कहानियाँ रची गई थीं। साहित्य के साथ–साथ समाचार–पत्र पत्रिकाओं ने भी अपने प्रकाशित लेखों व घटनाक्रमों के माध्यम से समाज को दिशा प्रदान करने में अहम भूमिका निभाई है। यहाँ तक की भारत की आजादी का अवलोकन

करें तो समाचार–पत्रों ने आंदोलन को खड़ा करने में बहुत बड़ा योगदान दिया है। टेलीविजन माध्यम के प्रथम चैनल दूरदर्शन ने भारत निर्माण में अपनी सक्रिय भूमिका निभाई है और भारतवर्ष को शिक्षित, जागरूक बनाने के साथ स्वच्छ मनोरंजन भी किया है। सूचना क्रांति के इस दौर ने अनेक मुश्किलों को आसान कर दिया है। कंप्यूटर के आने से हर प्रकार की जानकारी बटन दबाते ही उपलब्ध हो सकती है, जो पहले दूर की कौड़ी लाने के बराबर हाती थी। आज इंटरनेट के माध्यमों से दुनिया भर की जानकारी अपने घर बैठे ही कंप्यूटर पर प्राप्त की जा सकती है।

रेडियो एवं टीवी के माध्यम से श्वेत व हरित क्रांति संभव हुई, जिसने देश को विकसित बनाने में भरपूर योगदान दिया। टी.वी पर दिखाए जाने वाले 'हमलोग', 'रामायण', 'उड़ान' जैसे कार्यक्रमों ने समाजीकरण को बल दिया। ये भी मीडिया का ही प्रभाव है कि आज के बच्चे अपने अभिभावकों के सामने मुँह मोड़कर बड़ी बेबाकी के साथ वो बात कह जाते हैं जो कहना आसान नहीं है। मीडिया के प्रभाव के चलते ही इसके विभिन्न माध्यमों द्वारा ज्ञानवर्धक जानकारियाँ प्राप्त कर बच्चे सफलता हासिल करते हैं और इस मीडिया के प्रभाव के चलते आज बच्चे वक्त से पहले जवान हो जाते हैं। वे सीधे शिशु अवस्था से किशोर अवस्था में पहुँच जाते हैं। मीडिया का इंटरनेट रूप जहाँ आज सूचना का सबसे तीव्र व सशक्त माध्यम है, वही इसके द्वारा प्रसारित की जा रही 'सुसाईड वेब–साईट' से प्रेरित होकर आज के बच्चों व युवाओं में खुदकशी की घटनाएँ बढ़ रही हैं। मीडिया के प्रभाव के चलते आज लोग जब भ्रमण पर निकलते हैं या इकट्ठे होते हैं तो उनकी चर्चा के महाभारत व शेक्सपीयर के पात्रों की बात न होकर केतकि, कमोलिका या किसी विदेशी कलाकार के बारे में चर्चा होती है।

व्यस्तता भरे जीवन में मीडिया का बच्चों के मस्तिष्क पर पड़ने वाला प्रभाव अभिभावकों की चिंता का विषय बनता जा रहा है। इसके लिए मीडिया पर आरोप लगाया जाता है कि आने वाली पीढ़ी को पथभ्रष्ट करने में मीडिया की भूमिका है।

मीडिया के प्रभाव के विषय में अभिभावकों के समूह से की गई बातचीत से जो तथ्य सामने आये हैं, उनमें अभिभावकों ने कुछ टी.वी चैनलों का हवाला

देते हुए व इसके दुष्परिणामों को गिनाते हुए संपूर्ण मीडिया को आरोपित किया, जबकि टी.वी मीडिया का एक पहलू है। इसके अन्य माध्यमों के बारे में बहुत कम अभिभावकों ने बात की। इस बातचीत से एक बात और खुलकर सामने आई कि स्वयं अभिभावक इससे अधिक और सकारात्मक प्रभावित हैं। आज प्रत्येक माता–पिता अपने बच्चों को तीन साल की उम्र में ही रियल्टी शो में नम्बर वन पर देखना चाहते हैं, बच्चों में प्रतिभा को निखारने के लिए हरसंभव प्रयास करते है ताकि उनका बच्चा किसी भी क्षेत्र में पीछे न रहे।

एक शिक्षण संस्थान के छात्रावास में रह रहे छात्रों में होने वाली आपसी बातचीत पर किये गये सर्वे के दौरान ये तथ्य सामने आये कि आज टी.वी से प्रभावित युवा वर्ग में चर्चा का विषय राजनैतिक, सामाजिक तथा शैक्षणिक न होकर प्रेम–प्रसंग, फिल्मी पात्रों के रहन सहन की चर्चा होती है और ये भी मीडिया का ही प्रभाव है कि हम जो योग, संस्कृति को लगभग भूल चुके थे, उसे फिर से अपने जीवन में ग्रहण कर सवेरे–सवेरे पार्कों, घरों की छतों पर योग साधना कर रहे हैं।

आज पश्चिमी सभ्यता व बाजारीकरण के प्रभाव के चलते मीडिया में खासकर इसके टी.वी, इंटरनेट रूप में काफी बदलाव आया है। इस मीडिया का उद्‌देश्य सूचना, शिक्षा, मनोरंजन करना था वही आज इसका उद्‌देश्य पूँजी कमाना और सबसे श्रेष्ठ व तेज होने की इच्छा दिखाई पड़ रही है। जिसके चलते मीडिया अपने दायित्व से भटकता नज़र आ रहा है। दूसरा तकनीक का प्रयोग सही नहीं हो पा रहा है। पहले हमारे पास तकनीक नहीं थी, लेकिन मीडियाकर्मी सही रूप से उद्‌देश्य की पूर्ति करते थे व लोगों को सही सूचनाएँ, स्वस्थ मनोरंजन उपलब्ध कराते थे। आज मीडिया के पास उच्च तकनीक है लेकिन इसका इस्तेमाल ठीक ढंग से करने की बजाय इससे मीडियाकर्मियों में आलस्य आ गया है, जिसके कारण मीडिया की गुणवत्ता पर काफी असर पड़ा है। कुल मिलाकर मीडिया के बारे में लोगों द्वारा एक धारणा बन गई है कि 100 बार अच्छा काम करने वाले को इतना प्रोत्साहन नहीं मिलता जितना एक बार गलती करने वाले को अपमान मिलता है। ऐसा ही कुछ मीडिया की स्वयं की छवि के साथ हो रहा है। लोग इसकी अच्छाइयों को न देखकर इसकी बुराइयों को ज्यादा देख रहे हैं।

मीडिया ने आज समाज में लोगों के दिल और दिमाग को परिवर्तित करने में उल्लेखनीय भूमिका निभाई है। जहाँ ये माध्यम शिक्षा देने, सूचना वितरण करने तथा विकास के राह पर चलने के लिए हमें प्रेरित कर सकने की क्षमता रखते हैं, वहीं ये इसके विपरीत भी कार्य कर सकते हैं, अतः मीडिया में कार्यरत लोगों को (जो अभिभावक भी हो सकते हैं) के लिए जरूरी हो जाता है कि वे इलेक्ट्रॉनिक माध्यम को कुछ ऐसा बनाए कि यह मीडिया समाज के प्रत्येक वर्ग का विकास करने में अपना सहयोग दे सके। बच्चे समाज व देश के भविष्य होते हैं इनके द्वारा भावी समाज का निर्माण होता है। बच्चा शिशु रूप के दौरान जो सीखता व समझता है, वही उसके व्यक्तित्व के निर्माण का आधार बनता है और अगर बच्चे को अच्छी शिक्षा मिले तो बेहतर समाज के निर्माण व विकास में सक्रिय भागीदारी कर सकता है।

बच्चों की शिक्षा के विषय में प्राचीन ग्रंथों में उल्लेख भी किया गया है कि 'मातश्मान, पितश्मानाचार्यवान पुरुषो वेद' यानि जब तीन उत्तम शिक्षक, माता–पिता और तीसरा आचार्य होवे तभी मनुष्य ज्ञानवान हो सकता है। बच्चे प्रारंभिक समाजिक एवं व्यावहारिक शिक्षा अपने माता–पिता से प्राप्त करते हैं। फिर विद्यालय में अपने शिक्षक से किताबी, तकनीकी ज्ञान प्राप्त करता है। इसके साथ–साथ वह कुछ जानकारियाँ अपने मित्र मंडली से भी सीखता है। आज समाज के बदलते स्वरूप के चलते बच्चों में सूचना शक्ति के लिए जिज्ञासाएँ और बढ़ी हैं। जिसकी पूर्ति के लिए पिछले 40–50 वर्षों से एक नवीन प्रकार का शिक्षक जिसे हम मीडिया कहते हैं, योगदान दे रहा है। जो जानकारी बच्चे को माता–पिता, शिक्षक व दोस्तों से नहीं मिल पाती उसकी पूर्ति मीडिया कर रहा है। इस कारण मीडिया को लेकर तीन तरह की स्थिति उत्पन्न हुई हैं:–

1. क्या मीडिया वही सिखाता है जो माता पिता या शिक्षक से सीख मिलती है?
2. क्या मीडिया उसके विपरीत जानकारी दे रहा है?
3. क्या इनसे हटकर नई जानकारी दे रहा है?

अतः माता–पिता को ये निर्णय लेना होगा क्या सही है क्या ग़लत है? इस पर पूरे समाज को विचार करने की आवश्यकता है। साथ ही मीडिया

भी जो आज चकाचौंध की दुनिया में अपने कर्तव्य को भूलता नज़र आ रहा है उसे समय के अनुकूल बदलाव लाने की जरूरत है। विज्ञापन के माध्यम से सिर्फ पैसा कमाने के बजाय आमजन व बच्चों को सही जानकारी व स्वच्छ मनोरंजन कराना होगा ताकि प्रत्येक बच्चे व अभिभावक इससे प्रेरित होकर जागरूक बन सकें व मीडिया का इस्तेमाल कर समाज के निर्माण व विकास में अपनी भूमिका निभा सकें।

अन्ततः पूर्व में किये गये शोध बताते हैं कि समाज के अलग-अलग वर्गों पर मीडिया का प्रभाव अलग–अलग रूप से पड़ता है। इन वर्गों में जीवनशैली के आधार पर मुख्यतः ग्रामीण व शहरी वर्ग आते हैं। ग्रामीण वर्ग के परिवार मीडिया का प्रयोग मनोरंजन हेतू करते हैं जबकि शहरी वर्ग मनोरंजन के साथ–साथ सूचना को भी अहमियत देते हैं। इसी तरह आयु, लिंग, कार्य आदि के आधार पर भी वर्गीकृत हैं। अतः मीडिया को इन्हें ध्यान में रखते हुए कार्यक्रम बनाने चाहिए। मीडिया द्वारा विभिन्न समूहों को लक्षित कर कार्यक्रमों की रचना में नैतिक मूल्य तथा विवेकशील मानव बनाने की क्षमता पैदा करने वाले संदेशों का समावेश होना आवश्यक है।

मीडिया समयानुसार अपना आंकलन कर समाज में सकारात्मक परिवर्तन लाने का सतत प्रयास करता रहे। मीडिया अपने कर्तव्यबोध के अनुकूल प्रस्तुति देता है तो अभिभावक को अपने बच्चों को कार्यक्रम देखने से रोक लगाने की आवश्यकता नहीं रहेगी

इस प्रकार मीडिया और अभिभावक मिलकर ही समाज में उभरती समस्या का निदान कर सकते हैं। दोनों मिलकर आने वाली पीढ़ी को सही एवं सभ्य समाज का नागरिक बना सकते हैं जो कि भविष्य के कर्णधार बनकर देश व समाज को उन्नति के पथ पर अग्रसर करने में सक्षम होंगे।

संदर्भ सूची

- डॉ जानकी, किशोरावस्था पर मीडिया का प्रभाव समस्या एवं समाधान 2004।
- पाठक राममोहन, इलेक्ट्रॉनिक माध्यम रेडियो एंव दूरदर्शन यूनिवर्सिटी पब्लिकेशन 1998।

- गुप्ता ओम, मीडिया और समाज . कनिष्का पब्लिकेशन 2002।
- मीडिया और नेटवर्क संस्कृति, वाणी प्रकाशन 2007।
- रावत शोभिता जैन, भारत में परिवार विवाह और नातेदारी 2004।
- कांति विमलेश, भाषा साहित्य और संस्कृति, ओरियंट ब्लैक स्वान 2007।
- आलोक टी डी एस, सांस्कृतिक पत्रकारिता हरियाणा साहित्य अकादमी 2003।
- मीडिया विमर्श, सितंबर. नवंबर 2006।
- ओशो वर्ल्ड, फरवरी 2008।
- संचार माध्यम, अप्रैल . जून 1997।
- आंचलिक पत्रकार, नवंबर 2007।
- Communication Today – 20.
- KumarArvind : The electronic media – Anmol publications 1999.

9

लोकतंत्र और शिक्षा के विकास में जनसंचार माध्यमों की भूमिका

डॉ0 शुद्धात्मप्रकाश जैन, रितेश कुमार मिश्रा

लोकतंत्र को व्यापक और शिक्षा को सरल बनाने के लिए बहुत से ऐसे साधनों का उपयोग किया जाता है जिनके माध्यम से एक बृहद् जनसमूह को महत्वपूर्ण और उपयोगी शिक्षा और सूचना दी जा सके, उन साधनों को जनसंचार माध्यम (Mass media of Communication) कहा जाता है। ऐसे साधनों में अख़बार, पत्र–पत्रिकाएँ, टेलीविजन, कम्प्यूटर–इंटरनेट आदि आते हैं।

लोकतंत्र और शिक्षा के विकास में जनसंचार माध्यम की भूमिका को स्पष्ट करने के पूर्व हम देखें कि जनसंचार माध्यम क्या है? एडवर्ड पब्लिकेशन के अनुसार– ''समूह साधन सामान्य तौर पर समाचार–पत्रों, टेलीविजन, रेडियो, उच्चस्तरीय संगीत, चलचित्रों, विज्ञापनों, प्रहसनों, पत्रिकाओं और पुस्तकों के अर्थ में लिये जाते हैं, जो जनसमूह के बाजार का लक्ष्य रखते हैं।''

Mass media is generally taken to mean newspapers, T.V., Radio, Pop, Music, Films,Advertisements, Comics, Magazines and paper back book aimed at mass market.

– Blonds Encyclopedia of Education

उपर्युक्त परिभाषा से स्पष्ट है कि जनसंचार माध्यमों द्वारा एक ही समय में पूरे जनसमूह को ज्ञान एवं सूचना मिलती है। उदाहरण के लिए समाचार–पत्र, रेडियो, टेलीविजन आदि ऐसे साधन हैं जिनके द्वारा एक साथ दुनिया के कोने–कोने में स्थित जन–जन तक सूचना प्राप्त हो जाती है। इन साधनों के अतिरिक्त प्रदर्शनी, मेला, समारोह, शिविर, संग्रहालय, पुस्तकालय आदि भी जनसंचार के साधन माने जाते हैं, क्योंकि इनके द्वारा भी जनसमूह प्रभावित होता है और पूरे समुदाय और समूह को एक साथ विविध प्रकार की सूचनाएँ एक समय में आसानी से प्रसारित की जा सकती हैं।

शिक्षा के प्रति जागरूकता और लोकतांत्रिक सेवाओं से बेखबर लोग शिक्षा और लोकतंत्र से होने वाले लाभों से वंचित ही रह जाते हैं; आये दिन हमें यह देखने को मिलता है कि लोकतांत्रिक सरकार, हमारे लोकतंत्र के लिए अनेक लाभकारी योजनाएँ और कार्यक्रमों का आयोजन करती हैं, लेकिन जनसंचार माध्यमों की पहुँच से दूर रहने वाले बहुत से लोग इनका लाभ नहीं ले पा रहे हैं, अतः यह तो स्वयं सिद्ध ही है कि जनसंचार साधनों का महत्व शिक्षा और लोकतंत्र के क्षेत्र में बहुत अधिक है।

शिक्षा और लोकतंत्र का परस्पर बहुत घनिष्ठ संबंध है। शिक्षा के क्षेत्र में लोकतंत्र के सिद्धांतों तथा मूल्यों का समावेश करने का श्रेय अमरीका के प्रसिद्ध शिक्षाशास्त्री जॉन डीवी को है। उसने बताया है कि 'लोकतंत्रीय समाज में ऐसी शिक्षा की व्यवस्था करनी चाहिए जिससे प्रत्येक व्यक्ति सामाजिक कार्यों तथा संबंधों में निजी रूप से रुचि ले सके। डीवी के इस कथन से लोकतंत्र के सिद्धांतों तथा मूल्यों का प्रयोग शिक्षा के क्षेत्र में किया जाने लगा। ठीक ही है शिक्षित होने पर ही व्यक्ति अपने अधिकारों के संबंध में जागरूक हो सकता है तथा अपने कर्तव्यों को जनहित के लिए निभाने में तत्पर हो सकता है।[1]

आजादी के बाद भारत के संविधान में प्राथमिक शिक्षा के प्रति प्रतिबद्धता दिखाई गई थी। इसके तहत संविधान के अनुच्छेद 45 में लिखा गया था कि राजसत्ता संविधान लागू होने के दस वर्षों के भीतर ही 14 वर्ष की उम्र के सभी बच्चों के लिए मुफ्त प्राथमिक शिक्षा का प्रावधान करेगी यानि 1960 तक यह काम पूरा जाना चाहिए था। पिछले एक–दो दशकों में यह बात का

हवाला देना एक रस्म जैसा बन गया है। इसे इतनी बार दोहराया गया है कि इसके बाद राजसत्ता द्वारा ऐसी कई तारिखें तय की गईं और बीत गईं, पर न तो शिक्षा का सर्वव्यापीकरण हुआ और न ही इस असफलता की गहरी पड़ताल हुई। ऐसी स्थिति में प्राथमिक शिक्षा के सर्वव्यापीकरण के प्रयासों की गंभीरता पर प्रश्न उठना स्वाभाविक ही है। इसके बाद शिक्षा का अधिकार भी अभी हाल ही में बनाया गया। इसी नवनिर्मित शिक्षा के अधिकार में लोकतांत्रिक शिक्षा के दर्शन होते हैं।[2]

शिक्षा में बड़े पैमाने पर सुधार की कोशिशों में जुटे केंद्रीय मानव संसाधन विकास मंत्री कपिल सिब्बल अब बच्चों की कक्षाओं में लोकतंत्र लाना चाहते हैं। उनका कहना है कि बच्चों की पढ़ाई और व्यक्तित्व विकास के मामले में उनकी आकांक्षाओं को नजरअंदाज करना अलोकतांत्रिक है। आज तक लोकतंत्र को केवल राजनीति से जोड़कर देखा गया, इसे कभी भारतीय कक्षाओं में नहीं समाहित किया गया। कक्षाओं में लोकतंत्र को कैसे समाहित किया जाये? यह मूलभूत मुद्दा है। छात्रों के माता–पिता और शिक्षक उनकी पढ़ाई और व्यक्तित्व के विकास के मामले में अपना अनुशासन चलाते समय उनकी आकांक्षाओं को नजरअंदाज करते हैं– यह अलोकतांत्रिक है।

कक्षा में विद्यार्थी के द्वारा पूछे गये प्रश्न का सही और यथोचित उत्तर देना कक्षा की लोकतांत्रिक प्रणाली है। कक्षा में प्रत्येक विद्यार्थी को प्रश्न का उत्तर जानने का अधिकार है। अकसर लोगों की यह मान्यता रहती है कि कक्षा में शिक्षक का शासन होता है, लेकिन देखा जाये तो वास्तव में कक्षा में प्रत्येक विद्यार्थी का मुख्य शासन है, क्योंकि बिना विद्यार्थी के अध्यापक की कक्षा में कोंई भूमिका नहीं है।

कक्षा में छात्र और शिक्षक के मध्य होने वाली अन्तःक्रिया में छात्र और अध्यापक दोनों की बराबर सहभागिता होने से कक्षा का लोकतंत्र संतुलित बना रहता है। इसी संबंध में **फ्लैण्डर्स** ने अपनी दशवर्ग अन्तःक्रिया प्रणाली में इसके लिए निश्चित बिंदु निर्धारित किये हैं। अन्तःक्रिया विश्लेषण का अर्थ है– ऐसी प्रणाली जिसके द्वारा कक्षा–कक्ष में घटने वाली घटनाओं का व्यवस्थित तथा वस्तुनिष्ठ निरीक्षण कर वैज्ञानिक विश्लेषण किया जाता है।[3]

गाँव एवं दूर–दराज तक संचार तकनीक का विकास–

आज के युग में हम शिक्षा और विकास की बात करते हैं, लेकिन ग्रामीण स्तर पर देखें तो स्थिति गंभीर है। ग्रामीण विकास को वर्तमान स्तर तक लाने में मीडिया ने प्रयास जरूर किया है, लेकिन 1991 के उदारीकरण और फरवरी 2009 में मीडिया में विदेशी निवेश की छूट के बाद अब स्थिति बदलने की संभावना है और बदली भी है। भोपाल में राजबहादुर पाठक स्मृति व्याख्यानमाला में मीडिया की विफलताएँ विषय पर बोलते हुए वरिष्ठ पत्रकार श्री रामबहादुर राय ने कहा कि आज मीडिया से ग्रामीण मुद्दे और हाशिए के लोग दूर होते जा रहे हैं, जिसके पीछे मुख्य वजह है मीडिया में विदेशी पूँजी की छूट। श्री राय ने ग्रामीण मुद्दों, हाशिए के लोगों और वंचितों की आवाज का विकल्प खोजने के लिए हमें समानांतर मीडिया को विकसित करना होगा।

हमारे विशाल देश भारत में ग्रामीण क्षेत्रों में निवास करने वाले अधिक से अधिक लोगों तक सरल, सहज भाषा में शिक्षा की ज्योति का प्रसार करने में जनसंचार साधनों की भूमिका महत्वपूर्ण है। उदाहरणस्वरूप महिला एवं बाल विकास, स्वास्थ्य शिक्षा, ऊर्जा के वैकल्पिक स्रोत की जानकारी, भूमि संरक्षण, पर्यावरण के प्रति जागरूकता, शिक्षा का महत्व, दुर्व्यसनों के दुष्परिणाम आदि की जानकारी रेडियो, चलचित्र, अख़बार आदि के माध्यम से ग्रामवासियों, अशिक्षित महिलाओं, बच्चों और प्रौढ़ों को दी जा सकती है, लेकिन इसके लिए मीडिया को इस कदर विकसित करना होगा कि वह ग्रामवासियों और हाशिए के लोगों तक अपनी आवाज पहुँचा सके।

भारत में दूरंदर्शन में उपग्रह तकनीक का प्रयोग सन् 1975 से प्रारंभ किया गया। भारतीय इनसेट प्रणाली के द्वारा दुर्गम और पिछड़े क्षेत्र के लोगों के लिए दूरदर्शन कार्यक्रम पहुँचाये जा सकते हैं। इसके द्वारा नवीन सूचनाएँ शीघ्रता से दी जा सकती हैं तथा मौसम विज्ञान, पर्यावरण जागरूकता, शैक्षिक विकास, आदि से संबंधित नवीन जानकारियाँ प्रदान की जा सकती हैं।[4]

जनसंचार माध्यमों की भाषा–

लोकतंत्र को उद्देश्यपूर्ण और निरंतर प्रवाहमान बनाये रखने के लिए भाषा की भूमिका भी खासा महत्व रखती है। इस लिहाज से हम देखते हैं

तो पता चलता है कि मीडिया ने आजादी के बाद नब्बे के दशक तक भाषा की मर्यादा को बनाए रखा, लेकिन इसके बाद मीडिया के सभी घटकों ने प्रतिस्पर्धा के कारण सनसनीखेज और चटकारेदार जिस भाषा को प्रश्रय दिया, वह चिंता का विषय बनी हुई है, क्योंकि भाषा राष्ट्र के विकास का प्रमुख हथियार होती है, लेकिन दुर्भाग्य की बात है कि भारत का मीडिया आज टीआरपी की होड़ में लोकतांत्रिक मूल्यों को तरजीह नहीं दे रहा है। चूंकि भाषा स्वयं की संस्कृति लेकर चलती है जिससे लोकतंत्र समृद्ध होता है।

जनसंचार माध्यमों की भाषा कैसी हो– इस संदर्भ में दिल्ली विश्वविद्यालय के प्रोफेसर बीरेन्द्र सिंह रावत का लेख, जो शिक्षाविमर्श पत्रिका में जनवरी–फरवरी 2011 के अंक में प्रकाशित है, में कहा गया है कि– "भाषा शिक्षण के संदर्भ में शिक्षण प्रक्रिया तथा लोकतंत्र के विचार के मध्य सूत्र तलाशने हेतु अनेक बातों में से एक बात यह देखनी होगी कि भाषा की कक्षाओं का लोकतंत्रीकरण हो रहा है या नहीं। भाषा के लोकतंत्रीकरण को निम्नलिखित प्रश्नों के जवाब में खोजा जा सकता है :–

प्र. 1 क्या भाषा की ताकत को समझने तथा उसका उपयोग करने के अवसर शिक्षार्थियों को उपलब्ध हैं ?

प्र. 2 क्या भाषा शिक्षण की प्रक्रिया में शिक्षार्थियों के जीवनानुभवों को जगह मिलती है ?

प्र. 3 क्या भाषा शिक्षण की प्रक्रिया शिक्षार्थियों को विभिन्न जीवनानुभवों को समझने का अवसर देती है ?

प्र. 4 क्या भाषा शिक्षण की प्रक्रिया वैकल्पिक जीवनानुभवों को सृजित करने का अवसर देती है ?

किसी भी योजनाबद्ध काम में उस काम से संबंधित मान्यताएँ अंतर्निहित होती हैं। भाषा के शिक्षण पर भी यह बात लागू होती है। भाषा के शिक्षण को भाषा तथा शिक्षण संबंधी मान्यताएँ प्रभावित करती हैं। भाषा के संदर्भ में कुछ आम मान्यताएँ हैं जिनका प्रभाव भाषा के शिक्षण में देखा जा सकता है।"[5]

अकसर यह देखा जाता है कि अख़बार और जनसंचार माध्यमों क़ी भाषा सनसनीखेज और मुहावरेदार बनाने की चेष्टा की जाती है। यह भाषा जनता

का ध्यान आकृष्ट करती है। अखबार आदि की भाषा का पाठकों पर सीधा प्रभाव पड़ता है। जनसंचार के माध्यमों से लोकतंत्र में जनता के हितार्थ निर्मित नीतियों आदि का लाभ जनता तक पहुँच सके– इसके लिए सशक्त एवं आकर्षक भाषा का प्रयोग आवश्यक है।

अख़बार आदि जनसंचार के माध्यमों में हाईलाईट होने वाली सूचनाओं में अधिकांश खबरें अपराधशास्त्र पर आधारित होती हैं। आज का अख़बार अपराध, हिंसा आदि से भरा होता है, जबकि ऐसी खबरों को कम–से–कम प्रकाशित करना चाहिए, क्योंकि ऐसी खबरें अपराध और हिंसा को कम करने की बजाय बढ़ावा अधिक देती हैं। लोगों के दिमाग में वे खबरें वैसा ही करने की प्रेरणा देती है।

एक सर्वे के अनुसार तीन वर्ष का बच्चा जब टीवी देखना शुरू करता है और उस घर में केबल कनेक्शन पर 12–13 चैनल आते हों तो प्रतिदिन पाँच घंटे के हिसाब से 20 वर्ष की उम्र तक बालक की आँखें 33,000 हजार हत्या और 72,000 बार अश्लीलता देख चुकी होती हैं।

यहाँ एक बात गंभीरता से विचारणीय है कि मोहनदास करमचंद गांधी नाम का एक बालक एक या दो बार हरिश्चंद्र नाटक देखकर सत्यवादी बन गया और वही बालक महात्मा गांधी के नाम से आज भी पूजा जा रहा है। हरिश्चंद्र का नाटक जब दिमाग पर इतना असर करता है कि उस व्यक्ति को जिंदगी भर सत्य और अहिंसा का पालन करने वाला बना दिया तो जो बालक 33 हजार बार हत्या और 72 हजार अश्लील दृश्य देख चुका है वह क्या बनेगा?

याद रखें कि बच्चे देश की असली संपत्ति हैं। उन्हें ऐसे वातावरण उपलब्ध करायें जिससे वे भविष्य में आपके एवं देश के लिए उपयोगी सिद्ध हों। राष्ट्र के नवनिर्माण में सहयोग करें। ऐसे प्रचार साधनों का बहिष्कार करें जो देश के भावी कर्णधारों को। कहीं ऐसा न हो कि बच्चे समाज और राष्ट्र के लिए मुसीबत बन जायें। माता–पिता, सरकार एवं देश के कर्णधारों का यह नैतिक दायित्व है कि वे युवा पीढ़ी को कुप्रवृत्तियों से बचाने के लिए उचित कदम उठायें। गलत बातें सोचकर तथा सिनेमा के कुप्रभाव का शिकार होकर युवा पीढ़ी जीते जी नर्क का दुख भोगने पर विवश हो रही है।

शिवपुरी मध्यप्रदेश से 65 किमी दूरी पर स्थित अरोरा गाँव की एक घटित घटना है। आजकल खुलेआम दिखायी जाने वाली टीवी फिल्मों से प्रेरणा पाकर 16 वर्षीय मनोज और 13 वर्षीय रामनिवास ने अपने मालिक के पुत्र शानु का अपहरण कर उसके पिता से धन की माँग की और शानु की हत्या कर दी। 17 जनवरी 2002 को शानु का मृत शरीर मिला। दोनों किशोरों ने पुलिस के समक्ष आत्मसमर्पण किया और अपराध कबूल किया। उन्होंने यह भी स्वीकार किया कि यह प्रेरणा उन्होंने फिल्म देखकर पाई थी।

22 अप्रैल 1999 को आगरा से प्रकाशित समाचार–पत्र "दैनिक जागरण" में दिनांक 21 अप्रैल 1999 को वाशिंगटन अमेरिका में घटी एक घटना प्रकाशित हुई। इस घटना में किशोर उम्र के दो स्कूली विद्यार्थियों ने डेनवर (कॉलरेडो) में दोपहर को भोजन की आधी छुट्टी के समय में कोलंबाइन हाईस्कूल के पुस्तकालय में घुसकर अंधाधुंध गोलीबारी की, जिससे कम से कम 25 विद्यार्थियों की मृत्यु हुई, 20 घायल हुए। विद्यार्थियों की हत्या के बाद गोलीबारी करने वाले किशोरों ने स्वयं को भी गोलियाँ मारकर मौत के घाट उतार दिया। हॉलीवुड की मारा–मारी वाली फिल्मी अंदाज से हुए इस अभूतपूर्व कांड के पीछे भी चलचित्र ही मूल प्रेरक तत्व है। यह बहुत ही शर्मनाक बात है। भारतवासियों को ऐसे सुधरे हुए राष्ट्र और आधुनिक कहलाये जाने वाले लोगों से सावधान रहना चाहिए।[6]

सिनेमा, टीवी का दुरुपयोग बच्चों के लिए अभिशाप है। इससे चोरी, मदिरा, भ्रष्टाचार, हिंसा, बलात्कार, निर्लज्जता जैसे कुसंस्कारों से बाल–मस्तिष्क पर गंदा प्रभाव पड़ता है, इसलिए टीवी, सिनेमा के विविध चैनलों का उपयोग ज्ञानवर्धक कार्यक्रम, आध्यात्मिक उन्नति के लिए, अध्ययन के लिए कार्यक्रम तक ही मर्यादित करना चाहिए।

प्रसिद्ध विद्वान् **डॉ0 कीनो फेरियानी** ने लिखा है– "निरंतर 20 वर्ष तक मैंने अपराध, मनोविज्ञान तथा बाल मनोविज्ञान का अध्ययन किया है और हजारों बार मुझे इस कष्ट भरे सत्य को स्वीकार करने के लिए मजबूर होना पड़ा है कि 80 प्रतिशत बच्चों को अपराधी मनोवृत्ति वाला बनने से बचाया जा सकता था, यदि उनके माँ–बाप समय रहते उन्हें अच्छी शिक्षा, ज्ञान, ऊँची विचारधारा से परिचय करवाकर उन्हें वीरता, देशभक्ति, मानव–कल्याण का पाठ पढ़ाते। इस प्रकार उनके जीवन का समूचा रूप बदल सकता था।

यह मनोविज्ञान ही है कि जब हम किसी एक विज्ञापन को बार–बार देखते हैं तो एक–न–एक दिन उस वस्तु को क्रय करने के लिए हम तैयार हो जाते हैं, वैसे ही बार–बार हिंसा और अपराध की खबरें हम पढ़ते हैं तो वे हमारे दिमाग पर बुरा असर करती हैं। अतः ऐसी खबरों को कम–से–कम और नगण्य रूप से छोटी खबरें बनाना चाहिए।

ठीक इसके विपरीत वांछित व्यवहार और सकारात्मक अभिवृत्तियों की खबरों को रोचक और आलंकारिक भाषा में प्रकाशित करना आज के जनसंचार माध्यमों के लिए अत्यावश्यक है। ऐसा माना जाता है कि आत्मनिष्ठता की भाषा से मीडिया को बचना चाहिए, लेकिन सकारात्मक अभिवृत्तियों और वांछित व्यवहार की खबरों के लिए थोड़ा–बहुत आत्मनिष्ठतापूर्ण कथ्य भी प्रकाशित किये जा सकते हैं, जिससे लोग उससे प्रेरणा ले सकें।

इस संदर्भ में संचार तकनीकी के क्षेत्र से जुड़े लोगों का यह कहना है कि ऐसे अख़बार और चैनल को चलाना बहुत कठिन है। अख़बार की बिक्री और चैनल की टीआरपी दर को सँभालने के लिए हमें ऐसा करना होता है कि हिंसा, हत्या, बलात्कार आदि के केसेज अधिक फोकस रूप से छापने होते हैं। मेरा कहना है कि ऐसा बिलकुल भी नहीं है। किसी भी अच्छी बात को शुरू में संघर्ष ज़रूर करना पड़ता है, लेकिन बाद में उसे ही चलते हुए देखा जा सकता है और इसके अलावा जिसको हिंसा, अश्लीलता आदि ही देखनी है उसे तो और भी अनेक साधन उपलब्ध हैं।

उपर्युक्त संपूर्ण विवरण से यह सिद्ध होता है कि लोकतंत्र और शिक्षा के विकास में जनसंचार माध्यमों की भूमिका बहुत अधिक है, अतः इनके उपयोग में सावधानी के साथ–साथ नवाचार का प्रयोग भी आवश्यक है।

संदर्भ सूची–

1. शिक्षा के सिद्धांत, नवरतनस्वरूप सक्सेना, आर लाल बुक डिपो, मेरठ, पृ0– 198।
2. शिक्षा और जनआंदोलन, साधना सक्सेना, ग्रंथ शिल्पी प्राइवेट लिमिटेड, दिल्ली, पृ0–17।
3. एस0पी0 कुलश्रेष्ठ, शैक्षिक तकनीकी के मूलाधार, अग्रवाल प्रकाशन, आगरा।

4. पर्यावरण शिक्षा, उषा मिश्रा, न्यू कैलाश प्रकाशन, इलाहाबाद।
5. बीरेन्द्र सिंह रावत का लेख, शिक्षा विमर्श पत्रिका, जयपुर, जनवरी–फरवरी 2011 पृ0–31।
6. दैनिक जागरण, नई दिल्ली, 21 अप्रैल 1999।

10

सिनेमा और समाज

डा. मुकुल श्रीवास्तव, ऋतेष चौधरी

भारतीय फ़िल्में आरंभ से ही एक सीमा तक भारतीय समाज का आईना रही हैं जो समाज की गतिविधियों को रेखांकित करती आई हैं। चाहे वह स्वतंत्रता संग्राम हो या विभाजन की त्रासदी या युद्ध हो या फिर चम्बल के डाकुओं का आतंक या अब माफियायुग। इस कथन की पुष्टि **'बॉम्बे'**, **'सत्या'**, **'क्या कहना'** जैसी फिल्में करती हैं।

पिछली सदी शुरू होने से पूर्व ही जब देश अपनी स्वतंत्रता पाने की ओर अग्रसर था और देश में राजनैतिक और सामाजिक सुधार का व्यापक दौर चल रहा था, उसी समय पारसी थियेटरों को पीछे छोड़ते हुए मनोरंजन के नये स्वरूप सिनेमा का सूर्योदय हुआ। यह चलचित्र के नाम से जाना गया। इसका प्रथम प्रदर्शन भारत में 1896 में हुआ। लुमिरै भाइयों ने छह मूक फिल्मों का प्रदर्शन 7 जुलाई को बम्बई के वाटसन होटल में किया था। तब से लेकर आज तक भारतीय फिल्में तकनीकी और अन्य कलात्मक सुधारों के साथ इस मुकाम पर पहुँच गई हैं।

पिछले पाँच दशकों की बात करें तो देखने को मिलेगा कि भारतीय सिनेमा ने शहरी दर्शकों को ही नहीं गाँव के दर्शकों को भी प्रभावित किया है। फिल्मी गानों को गुनगुनाने और संवादों की नकल का क्रम **'मुगले–आजम'**, **'शोले'**

और **'सत्या'** तक चल कर आज भी जारी है। दक्षिण भारत की ओर नज़र डालें तो देखेंगे कि वहाँ की जनता फिल्मी कलाकारों को भगवान स्वरूप मानकर उनकी पूजा तक करती है। फिल्मी कलाकार व निर्माता समय–समय पर राज्यों व केंद्र की राजनीति में भी सक्रिय होते रहे हैं।

देखना यह है कि समय–समय पर इन फिल्मों ने हमारे समाज को कैसे प्रभावित किया है। दरअसल हमेशा यह कहना कठिन होता है कि समाज और समय फिल्मों में प्रतिबिंबित होता है या फिल्मों से समाज प्रभावित होता है। दोनों ही बातें अपनी–अपनी सीमाओं में सही हैं। कहानियां कितनी भी काल्पनिक हों कहीं तो वो इसी समाज से जुड़ी होती हैं। यही फिल्मों में भी अभिव्यक्त होता है। लेकिन हाँ बहुत बार ऐसा भी हुआ है कि फिल्मों का असर हमारे युवाओं और बच्चों पर हुआ है सकारात्मक और नकारात्मक भी। नकारात्मक प्रभाव इस प्रकार सामने आए कि फिल्म **'एक दूजे'** के लिए का क्लाईमेक्स दृश्य देख कई प्रेमी युगलों ने आत्महत्या कर ली थी। यहाँ तक कि इस फिल्मी रौमान्स ने युवक युवतियों के मन में प्रेम और विवाह के प्रति कई असमंजस डाल दिये हैं कि वे वास्तविक वैवाहिक जीवन में सामंजस्य नहीं कर पाते। कुछ अश्लील किस्म के गीतों ने ईव–टीजींग आम कर दी है। 'ओए–ओए', 'सैक्सी–सैक्सी मुझे लोग बोलें, मेरी पैन्ट भी सैक्सी', 'आती क्या खंडाला' आदि। इस सैक्सी शब्द को फिल्मों ने इतना आम कर दिया कि इसका उदाहरण मुझे पडोस ही में मिल गया। मेरे पडोस की एक महिला से उसके छः वर्षीय पुत्र ने पूछ ही लिया कि मम्मी ये सैक्सी क्या होता है। तो माँ ने जवाब दिया कि आकर्षक और सुन्दर लगना, और कह भी क्या सकती थी? यह बात बच्चे के मन में बैठ गई और किसी समारोह के दौरान उसने अपनी सजी–सँवरी माँ को सैक्सी कह दिया। आधुनिकता का यह नग्न स्वरूप भारतीय संस्कृति के खिलाफ है। अभी हाल में प्रदर्शित **'मोहब्बतें'** फिल्म ने यह साबित कर दिया कि भारत के कॉलेज–स्कूलों में माईक्रो मिनी स्कर्ट पहन कर बस रोमान्स की सारी हदें पार करते हैं। एक और फिल्म जो हाल में प्रदर्शित हुई है आशिक इसमें निर्देशक ने न जाने क्या समझ कर भाई बहन के बीच ऐसे संवाद ठूँसे हैं कि वे भारतीय नैतिकता पर प्रश्न उठाते हैं।

जैसे–जैसे अपराध की पृष्ठभूमि पर फिल्में बनती रहीं, अपराध जगत में बदलाव आया। असंतुष्ट, बेरोजगार और अकर्मण्य युवकों को यह पैसा बनाने का शॉर्टकट लगने लगा, और सब स्वयं को यंग एंग्रीमेन की तर्ज पर सही मानने लगे। आए दिन आप सुनते आए होंगे कि अमुक डकैति या घटना एकदम फिल्मी अंदाज में हुई। मैं यहाँ यह नहीं कहना चाहता कि समाज में अपराध के बढ़ते आंकडों के प्रति फिल्में ही जिम्मेवार हैं, लेकिन हाँ फिल्मों ने अपराधियों के चरित्रों को जस्टीफाई कर युवकों को एकबारगी असमंजस में जरूर डाला होगा।

अश्पृश्यता और छुआ–छूत जैसी सामाजिक बुराइया भारतीय समाज के लिए नई नही है। किसी महिला या पुरुष से सिर्फ इस बात के लिए छुआ–छूत करना की वह अमुक बिरादरी या जाति का है उसके मानवाधिकारों का उलंघन ही है भले ही इसको परिभाषित बाद में किया गया हो किंतु भारतीय फिल्म निर्माता, निर्देशकों की मानसिकता को दिखता है जबकि उस समय भारतीय फिल्में विकास की बाल्यावस्था में थी।

मानवाधिकार की अवधारणा उस समय तक परिभाषित नही की गई थी जब फिल्मों ने मानवाधिकार को अपने कथानक का विषय बनाया। यह तथ्य अनेक फिल्मों के विश्लेशण से सिद्ध होता है। जैसे 1932 में बनी **'चंडीदास'** तथा 1936 में निर्मित **'अछूत कन्या'**। दोनों फिल्मे अश्पृश्यता और छुआ–छूत जैसे ज्वलंत विषयों को ध्यान में रखकर बनाई गई। उल्लेखनीय है की ये फिल्मे उस दौर में बनी जब इन विषयों पर सार्वजनिक रूप से बहस करना भी स्वीकार नही किया जाता था।

1936 में जे.बी.एच. वाडिया तथा होमी वाडिया द्वारा हिंदू–मुस्लिम एकता पर सबसे पहली फिल्म **'जय भारत'** का निर्माण किया गया। **'जीवन मरण'** न्यू थियेटर द्वारा 1939 में बनाई गई एक क्रांतिकारी फिल्म थी जिसमे टी. बी. रोग को विषयवस्तु बनाया गया था। 1930 के दशक में टी.बी. एक छूत की बीमारी थी। जिसका तब तक कोई इलाज नही ढूढ़ा गया था। 1937 में प्रभात फिल्म कंपनी ने **'दुनिया ना माने'** नामक फिल्म बनाई जिसमे बेमेल विवाह को कथानक का विषय बनाया गया। फिल्म में यह बताने की कोशिश की गई थी की की बेमेल विवाह के क्या दुष्परिणाम हो सकते हैं। इसमें एक

कम उम्र की लड़की का विवाह एक बुड्ढे से कर दिया जाता है। 1936 में व्ही. शांताराम द्वारा **'पड़ोसी'** फिल्म बनाई गई, यह फिल्म सांप्रदायिकता पर आधारित थी। यह वह दौर था जब देश में सांप्रदायिक हिंसा का उन्माद चरम पर था।

1953 में विमल रॉय की **'दो बीघा जमीन'** का प्रदर्शन हुआ। इस फिल्म की विषयवस्तु में भूमि समस्या की पृष्ठभूमि में ऋण से लदे एक ऐसे शोषित किसान का चित्रण है जो समाज के आर्थिक ढाँचें की विषमताओ में जकड़ा शोषित होने को बाध्य होता है।

विमल रॉय का प्रगतिशील दृष्टिकोण उनके विषयवस्तु के चयन में स्पष्ट दिखाई पड़ता है तथा कहीं ना कहीं वे मानवाधिकारों से अवस्य प्रभावित थे। उनकी अनेक फिल्में अपने माध्यम से कहीं ना कहीं कुछ ना कुछ मानवाधिकार के बारे में कहती नज़र आती है। **'परिणीता'** व **'विराज बहु'** में नारी के उत्पीड़न, **'नौकर'** में बेरोजगारी, **'सुजाता'** में छुआ–छुत के प्रश्न, **'परख'** में सामाजिक राजनैतिक पाखंड को दिखाया गया है। वहीं **'बंदनी'** में गाँव की लड़की पर राष्ट्रीय आंदोलन का प्रभाव तथा कारावास के जीवन की समस्याएँ विषयवस्तु का आधार बनी।

कैदियों के पुनर्वास पर बनी फिल्म **'दो आँख बारह हाथ'** 1957 में दर्शको के समक्ष आई। फिल्म में यह बताने की सार्थक कोशिश की गई की कैदियों का पुनर्वास हो सकता है। यदि उन पर भरोसा किया जाए तो वह भी इससे बेहतर इंसान बन सकते हैं। इसके अतिरिक्त हर अपराधी पहले इंसान होता है, अपराध तो वह परिस्तिथियों के वशीभूत होकर करता है। 1956 में राजकपूर द्वारा निर्देशित **'जागते रहो'** प्रदर्शित हुई। फिल्म की विषयवस्तु का निर्वाह कहानी में वर्णित समय तथा फिल्म में घटित समय के समान्तर है। इस प्रकार आधी रात के बाद शुरु होने वाली कहानी दिन शुरु होने से पहले ही जागते रहो के साथ खत्म हो जाती है। नायक की सच्चाई की तलाश की प्यास बुझती है एक भोली भाली महिला द्वारा पानी पिलाने से। फिल्म का अंतिम दृश्य फिल्म की कहानी को आत्मसात किये हुए है। 1962 में बलदेवराज चोपड़ा ने हिंदू–मुस्लिम एकता पर फिल्म **'धर्मपुत्र'** का निर्माण किया। जिसमें यह बताने की कोशिश की गई की धर्म बड़ा नही है बल्कि इंसानियत बड़ी है।

फिल्म का नायक भाषी कपूर मुस्लिम माता-पिता की संतान होने के बावजूद परिस्थितीवस हिंदू परिवार में पलता है, जहाँ वह उग्रपंथी विचार वाला युवक बन जाता है, किन्तु जब बाद में उसे सच्चाई का पता चलता है तब उसे एहसास होता है वह गलत था। किसी धर्म को उग्रपंथी आधार पर श्रेष्ठ नही ठहराया जा सकता।

1962 में **'साहब बीबी और गुलाम'** गुरुदत्त के निर्देशन में बनी, फिल्म की विषयवस्तु में एक पीड़ित बहु है। 1976 में **'मरग्या'** फिल्म का निर्माण आदिवासियों के जीवन और उनके साथ होने वाले शोषण पर किया गया। **'मंथन'** फिल्म में सहकारिता आंदोलन को कथाचित्र के रूप में प्रस्तुत किया गया, तथा यह दिखाया गया की भ्रष्ट व्यवस्था को कैसे समाप्त किया जाए।

'आक्रोश' गोविन्द निहलानी की फिल्म थी जो 1980 में रीलिज की गई। आदिवासी जीवन पर आधारित यह फिल्म एक कलाकृति है जो समाज के शक्तिशाली वर्ग के शोषण, दमन तथा अत्याचार का सत्ता के साथ घनिष्ठ तालमेल और उनकी दुरिभी संधि खोलकर प्रदर्शित करती है। **'आक्रोश'** के बाद गोविन्द निहलानी ने **'अर्ध सत्य'** 1983, **'पार्टी'** 1985, **'आघात'** 1988 आदि फिल्मों का निर्माण किया जो विशेष रूप से चर्चित हुई। **'भूमिका'** एक ऐसी लड़की की कहानी है जो कलाकार है। उसके अपने जीवन को जीने की जिस उत्कंठा को लेकर कहानी का ताना–बना दिखाया गया है वह अद्भुत है। एक प्रतिभा सम्पन नारी के जीवन में अवांछित पति थोप दिया जाता है, जिसे वह मन से कभी स्वीकार नही कर पाती. और उम्र भर संघर्ष करती रहती है।

1983 की फिल्म **'मिर्च मसाला'** जिसमें एक स्वेछाचारी अधिकारी के आतंक, हिंसा और दमन के विरुद्ध एक व्यक्ति, वह भी स्त्री का अपार साहस के साथ सामना करना दिखाया गया है। **'पार'** फिल्म की कहानी दलित नौरंगीय और उसकी पत्नी राम के सामाजिक उत्पीड़न और व्यक्तिगत वेदनाओं के आसपास घूमती है। फिल्म बिहार के उस भूभाग में रहने वालो को भी चित्रित करती है जिन पर सामंती तथा राजनैतिक शक्तियाँ मिलकर अत्याचार करती हैं।

1993 में बनी फिल्म **'दामिनी'** में भी बलात्कार की शिकार होने वाली महिलाओं की स्थिति का चित्रण किया गया है। इसमें यह बताने की कोशिश की गई है की बलात्कार को कानून के सामने लाना जरूरी नही है बल्की न्यायालय में होने वाली पूछताछ से उपजी मानसिक यंत्रणा पीड़ित महिलाओं की समस्या को और बढ़ा देती है और उसके लिए हमारा न्यायिक ढाँचा जिम्मेदार है, जो अपनी लचर प्रक्रिया से दोषियों का साथ देता है। इससे पीड़ित महिला ठीक से अपना पक्ष न्यायालय के सामने नही रख पाती है।

गौर करने लायक महत्वपूर्ण बात यह है की भारतीय फिल्मों में सामान्य तौर में दो तरह की धाराएँ हैं, पहली जो मसाला या लोकप्रिय सिनेमा है और दूसरी न्यू या सामानांतर सिनेमा। अधिकांश मसाला फिल्मों में कोई संदेश होता ही नही या वे किसी उद्देश्य को ध्यान में रखकर बनाई ही नही जाती, किन्तु उनमे मनोरंजक पक्ष को अधिक प्रधानता दी जाती है। इसलिए गंभीर मुद्दों पर बनी फिल्में भी मसला होने के कारण सतही दिखाई पड़ती हैं। उदाहरण के तौर पर हमारे सामने **'मिशन काश्मीर'** व **'1942 ए लव स्टोरी'** जैसी फिल्में हैं। जिनके विषय बहुत ही अच्छे थे, किन्तु ये अपने संदेश के कथ्य को संप्रेषित करने में असफल रही।

भारतीय फिल्मों की यह त्रासदी रही है की वे या तो विशुद्ध मनोरंजक होती है या संवेदात्मक। ऐसे में एक वर्ग का दर्शक दूसरे वर्ग के दर्शक की फिल्म देख नही पाता या देखना नहीं चाहता। यह सत्य है की भारतीय सामानांतर सिनेमा ने एक से बढ़कर एक प्रस्तुतियाँ दी हैं किन्तु अब न्यू सिनेमा भी व्यावसायिकता की दौड़ में शामिल हो गया है। फिल्म माध्यम में इस बात का महत्त्व नही होता की क्या दिखाया जा रहा है बल्कि इस बात का महत्त्व होता है की कैसे दिखाया जा रहा है।यही अंतर मसाला और कला फिल्मों को अलग करता है।

भारतीय फिल्म संसार अभी भी चतुर्वर्ण व्यवस्था को नही तोड़ पाया है। भारतीय फिल्मकार, निर्देशक आज भी तथा–कथित सवर्ण वर्ग से आते हैं अपने साथ लाते हैं सवर्ण मानसिकता, क्योंकि उनका समाजीकरण ही ऐसे हुआ है, तभी नायकों के नाम राज मल्होत्रा, विजय कपूर, दीपक ठाकुर होता है और फिल्मों के नाम पर गौर करने से यह तस्वीर और साफ हो जाती

है। जरा गौर करें राजपूत, छत्रिय, अर्जुन पंडित, ये फिल्में उस भारतीय समाज का प्रतिनिधित्व करती हैं जिसकी कुल जनसंख्या का लगभग 75 प्रतिशत भाग उन लोगों से मिलकर बना है जो वर्ण व्यवस्था की श्रेणी में शूद्रों में आते हैं।

हत्या के इर्द गिर्द रची गई कहानियो के ताने–बाने में स्त्रियों को भी ऐसी जघन्य हत्या करते हुए दिखाया जाने लगा है। **'गुप्त'**, **'कौन'**, **'राज'** और **'कुछ तो है'** जैसी फिल्मों में नायिकाओं को मनोरंजन से ग्रस्त हत्यारिन के रूप में प्रस्तुत करना इस बात की ओर इंगित करता है की हिंसा से आनंद प्राप्त करने के तरीकों की क्रूरता ने भी अपनी सीमाएँ लांघ ली है।

सिनेमा भारतीय जीवन का आवश्यक हिस्सा बना हुआ है। रोटी जैसा अनिवार्य। निजी अवकाश का समय हो या पारवारिक मनोरंजन का, फिल्में वहाँ उपस्तिथ होती हैं। टी.वी. की पहुँच शयन कक्ष तक है लेकिन टीवी सोने वालों की नींद चुरा सके इसके लिए उसे सिनेमा को जागकर देखना होता है। टी.वी. पर आज भी सबसे ज्यादा सिनेमा आधारित कार्यक्रम होते हैं। एक राष्ट्रीय दैनिक में हर रोज एक पेज सिनेमा के लिए होता है। ऐसे अखबार या पत्रिका की कल्पना करना संभव नही जिसमें हिंदी सिनेमा के लिए महत्वपूर्ण जगह ना हो। यह भारतीय समाज में सिनेमा की अनिवार्यता की पहचान है। जिस समाज में सिनेमा के प्रति इतनी दीवानगी हो, वहाँ शबाना आजमी को यह क्यों कहना पड़ता है की भारत में सिनेमा देखने का संस्कार नहीं है। वस्तुतः शबाना जब यह शिकायत कर रही है तो उनका आशय उस सिनेमा से होता है जिसके बारे में प्रेमचंद ने लिखा है, "खेद है की सिनेमा को व्यवसाय बनाकर हमने उसे कला के ऊँचे आसन से खींच कर ताड़ी या शराब की दूकान तक पहुँचा दिया। यह प्रेमचंद के जमाने की बात है, जब आजादी की लड़ाई चल रही थी। मूल्य और देश के लिए लोग अपना अपना–जीवन कुर्बान कर रहे थे। आज सिनेमा महज शराब की दूकान ना रह कर तमाम तरह की विकृतियों का सुपर बाजार बन गया है। आज हिंदी सिनेमा में ऐसे नाज नखरे होते हैं की वेश्या भी अपनी ऊँगली काट ले और बड़े–बड़े अपराधी भी हार मान ले। ऐसे आयोजनों को परिवार का बच्चा–बच्चा देख रहा है और झूम रहा है।

प्रेमचंद को 1930 में लगा था की अब अर्धनग्न तस्वीरें दिखा कर और नंगे नाचों का प्रदर्शन करके जनता को लूटना आसान नहीं है। लेकिन पिछले पचास सालों में दर्शक की समझ की जड़ में इतना मट्ठा डाला गया है की प्रेमचंद की पीढ़ी का स्वप्न पृष्ठभूमि में चला गया है।

प्रेमचंद ने सिनेमा पर अपनी कलम चलाई लेकिन प्रेमचंद के बाद उनकी परंपरा में लिखनेवालों ने सिनेमा को अपनी आलोचना का विशय नहीं बनाया। सिनेमा पर लिखना अच्छा काम नहीं माना गया। सिनेमा पर जनता का कोई बौद्धिक अंकुश नही रह गया। नतीजतन सिनेमा पागल हाथी की तरह सब कुछ उखाड़ने लगा, जिसे बचाने की जिम्मेदारी समाजचेता लेखकों और बुद्धिजीवियों की थी। हिंदी सिनेमा ने भारतीय समाज को अपनी जमीन से बेदखल कर दिया। उसके प्रभाव से भारतीय समाज, विशेषकर हमारा हिंदी समाज दिन के उजाले में भी अंधा होकर पेड़ पर चमगादड़ की तरह उल्टा लटका है।

हिंदी सिनेमा की ताकत लगातार बढ़ती गई है। यह हमारा लोकाचार और जीवन व्यवहार भी तय करने लगा है। हमारे बच्चे हिंदी सिनेमा के प्रभाव में चलते बोलते हैं। सिनेमा ही पहनावा और बोलचाल की भाषा तय करता है। वह सामाजिक जीवन को अपने कब्जे में लेने के बाद बीच–बीच में राजनीति और शासन व्यवस्था को भी अपने कब्जे में लेने के लिए मचलता है। हिंदी सिनेमा बताता है की लोकतंत्र के भ्रष्ट नेताओं की हत्या कर देनी चाहिए, मानो यही आखरी रास्ता हो। जबकि अनुभव इसके विपरीत है। इंदिरा गाँधी की हत्या से राजंनीति और व्यवस्था में कोई परिवर्तन नही आया। हिंदी सिनेमा लोकतांत्रिक प्रक्रिया के प्रति निराशा फैलाने का काम भी बखूबी कर रहा है। हिंदी सिनेमा खुलेआम अधिनायकवादी व्यवस्था और राजनीति की वकालत करता है। इस दिशा में कई कलाकारों निर्देशकों की प्रस्तुती जनता को बड़ी अच्छी लगती है, परन्तु इसके पीछे छिपे सच से साक्षात्कार करने की जिम्मेदारी किसकी है? इतिहास के नए उभार से जनता जब हिंदी सिनेमा के शाप से मुक्त होगी तो अपनी खोई भाषा को संजोते हुए पूछेगी, "बोलो, क्यों नही उठी आवाज ? तो हम क्या जवाब देंगे? आज अगर प्रेमचंद आकर पूछे की तुमने हिंदी सिनेमा पर अपनी कलम की नीब क्यूँ नही गाड़ी, तब कोई क्या जवाब देगा?

आज भारत साल में सर्वाधिक फिल्में बनाने में अग्रणी है, माना अत्याधुनिक उपकरणों, उत्कृष्ट प्रस्तुति के साथ यह नए युग में पहुँच चुका है, लेकिन गुणवत्ता के मामलों में भारतीय सिनेमा को और भी दूरी तय करनी है। साथ ही यह तय करना है कि समाज के उत्थान में उसकी क्या भूमिका हो अन्यथा टेलीविजन उसे पीछे छोड़ देगा। कितना ही आधुनिक हो जाए भारत, यहाँ राम अभी तक नर में हैं और नारी में अभी तक सीता है।

संदर्भ ग्रंथ :–

- सिनेमा और समाज, विजय अग्रवाल, 1995, सत्साहित्य प्रकाशन दिल्ली।
- सिनेमा और साहित्य, हरीश कुमार, 1998, संजय प्रकाशन दिल्ली।
- समकालीन सृजन, मृत्युन्जय, 1997, वाणी प्रकाशन दिल्ली।
- सिनेमा के बारे में, जावेद अख्तर, 2008, राजकमल प्रकाशन दिल्ली।
- इनसाक्लोपेडिया ऑफ इण्डियन सिनेमा, सतीश अरोरा, 2004, अनमोल प्रकाशन दिल्ली।

11

भारतीय लोकतंत्र में संचार माध्यमों की भूमिका

कु. श्रीनिधि पांडेय

लोकतंत्र का शाब्दिक अर्थ 'लोगों का शासन' होता है। एक ऐसी व्यवस्था जिसमें जनता अपना शासक स्वयं चुनती है। वह व्यवस्था जिसमें जनता की संप्रभुता हो। लोकतंत्र केवल शासन के रूप तक ही सीमित नहीं है। सामाजिक आदर्श के रूप में लोकतंत्र वह समाज है। जिसमें कोई विशेषाधिकार युक्त वर्ग नहीं होता ना ही व्यक्तियों के बीच भेदभाव किया जाता। **"जनतंत्र किसी वर्ग विशेष अथवा व्यक्ति विशेष की जागीर न होकर एक ऐसी जीवन भौली है, जो सिद्धांततः सभी को तथा व्यवहार में भी अधिकाधिक नागरिकों को निर्णय लेने की प्रक्रिया में भागीदारी देकर सत्ता की साझेदारी का अवसर प्रदान करती है।"**[1] इस तरह का लोकतंत्रीय समाज ही लोकतंत्रीय देश का आधार होता है। उसी तरह संचार एक ऐसी प्रक्रिया है जो मनुष्य के उद्गम के साथ आरंभ हुई। **"वस्तुतः संचार व्यक्ति तथा समाज की सहज प्रवृत्ति है। यह एक महत्वपूर्ण विधा के रूप में हमारे सामने आती है। संचार की विधा बहुत पुरानी है। वास्तव में यह उतनी पुरानी है जितना मानव जीवन। मानव अपनी इच्छाओं, भावों, विचारों का आदान–प्रदान आदिम युग से करता आया है। आरंभ में हाव–भाव, संकेत चिन्ह आदि के द्वारा यह संचार क्रिया हुआ करती थी। भाषा का आविष्कार तथा सांस्कृतिक विकास के साथ यह क्रिया विभिन्न रूपों में प्रकट होती रही है।"** एक विशिष्ट संस्थान के व्यक्तियों

में तथ्य, आदर्श, भावों, विचारों के द्विपक्षीय आदान–प्रदान की प्रक्रिया संचार कहलाती है। संचार एक तकनीकी शब्द है। यह अंग्रेजी के Communication का हिन्दी रूपान्तरण है।

आज संचार शब्द एक पारिभाषिक शब्द बन चुका है। इस दृष्टि से हम कह सकते हैं कि एक व्यक्ति से दूसरे व्यक्ति तक अर्थपूर्ण संदेशों को प्रेषित करना ही संचार है, अर्थात् संचार निरंतर चलने वाली सामाजिक प्रक्रिया है। भाषा से या और किसी संकेत से चलने वाली इस प्रक्रिया का उद्देश्य विचार या भावों को एक जगह से दूसरी जगह पहुँचाना और विचार का ग्रहण होना है। अतः हम कह सकते हैं विचार, अभिप्राय अथवा मनोभावों का आदान–प्रदान ही संचार है।

संचार प्रक्रिया में माध्यम विशेष भूमिका निभाते हैं। हर युग में जनसंचार के अपने कुछ माध्यम रहे हैं। हमारे पूर्वजों के पास जब संवाद का शब्द जैसा कोई माध्यम नहीं था, तब संकेतों, प्रतीकों के द्वारा संवाद होता था। कालांतर में जैसे–जैसे सामाजिक चेतना आती गयी, भावों और विचारों को प्रकट करने के लिए शब्द जैसा एक माध्यम मिला, जिससे संवाद की प्रक्रिया बदलती गई।

इस प्रकार प्राचीनकाल से संचार की प्रक्रिया चलती आ रही है। भले ही उस काल में संचार के साधन न के बराबर थे किन्तु शब्दों, संवादों, विचारों, भावों के माध्यम से एक–दूसरे से संपर्क होता रहा है। जहाँ कहीं दो व्यक्ति मिलते हैं, उनमें से एक बातचीत द्वारा, भाषण द्वारा तर्क द्वारा या प्रदर्शन द्वारा दूसरे को प्रभावित करता है, दिशा–निर्देश देता है और अपने दृष्टिकोण को व्यक्त करता है। यह व्यक्तिगत संपर्क कहलाता है, जब यह प्रक्रिया जनसमूह के स्तर पर कार्यान्वित की जाए तो यह जन-संपर्क का रूप धारण कर लेती है।

सभ्यता के विकास के साथ अभिव्यक्ति के पथ पर चल रही भाषा, संचार माध्यम का प्रमुख आधार बनकर कदम बढ़ा रही है। माध्यम का सामान्य अर्थ है – 'जिससे कुछ अभिव्यक्त अथवा संप्रेषित किया जाए।' अभिव्यक्ति, सूचनाएँ, जानकारी संचार के क्षेत्र में 'सार्थक संदेष' माने जाते हैं। इन सार्थक संदेशों के संप्रेषण के लिए कुछ साधनों को प्रयोग में लाया जाता है। इन्हीं

साधनों को माध्यम कहा जाता है। इन संचार माध्यमों ने देश के विकास में अपनी महत्वपूर्ण भूमिका निभायी है। इन माध्यमों, जिसे अंग्रेजी में **'मीडिया'** कहते हैं, के अंतर्गत प्रिंट मीडिया और इलेक्ट्रॉनिक मीडिया में प्रेस, रेडियो, फिल्म, दूरदर्शन, टीवी वीडियो, इंटरनेट आदि आते हैं।

प्रेस ने शिक्षा एवं साक्षरता के विकास में अभूतपूर्व योग दिया। वर्तमान समय में प्रेस का महत्व बहुत अधिक हो गया है। आज की पत्रकारिता विश्व भर में मुद्रण माध्यम प्रेस के जरिए अपनी जिम्मेदारी खूब निभा रही है। **"प्रेस प्रत्येक स्तर पर अत्यंत महत्वपूर्ण भूमिका अदा करती है। वह लोगों को आरंभिक सूचनाएँ प्रदान करती हैं तथा जागरूकता स्तर बढ़ाती हैं। रुचि के स्तर पर अतिरिक्त सूचनाएँ प्रदान करती हैं। उद्‌भव के दौरान वह निर्णय की ओर अग्रसर करके महत्वपूर्ण योगदान देती है। पॉल डयूस्चमैन ने कोलम्बिया के एनडीन पहाड़ों के एक गाँव में जन संचार माध्यमों के प्रभाव का अध्ययन करते हुए यह अवलोकित किया है, कि ग्रामीण लोगों को नई कृषि तकनीकों व नवीनीकरण को स्वीकार करवाने में संचार माध्यमों का उल्लेखनीय योगदान रहा है।"**[3]

प्रेस न केवल समाज के सामाजिक व आर्थिक विकास में योगदान देता है बल्कि यह राजनैतिक प्रणाली को गत्यात्मक बनाए रखने में भी शक्तिशाली उपकरण का कार्य करता है। प्रेस की राजनैतिक भूमिका का अर्थ सिर्फ राजनैतिक प्रचार नहीं है। ऐसा समाज जो झगड़ों, विरोधों, तनावों, जाति, क्षेत्र, भाषा व धर्म आधारित विभेदों में बँटा हो, वहाँ प्रेस एकीकरण की शक्ति तथा देशभक्ति की भावना पैदा करता है व लोगों के बीच एकता व अखंडता का भाव पैदा करता है, वैधता सुनिश्चित करता है तथा निराशा के क्षणों में अभिप्रेरक का कार्य करता है। राजनैतिक स्थिरता तथा प्रजातांत्रिक संस्थाओं की वृद्धि पूर्णतः प्रेस की कार्यशैली पर निर्भर करती है।

उसी तरह रेडियो, फिल्म, दूरदर्शन ने बहुत से सामाजिक सांस्कृतिक बदलाव किए हैं। उपग्रह और नई संचार तकनीक ने समाचार प्रसारण में दूरी तथा समय का अंतर कम किया है। इलेक्ट्रॉनिक माध्यम से संदेश पल भर में पूरे विश्व में फैल जाता है। दृश्य, श्रव्य, सचित्र होने के कारण इसका प्रभाव भी अधिक होता है। आज ख़बरों को जनता तक लाने के लिए अब पत्रकारों के हाथ में कलम के सिवा कैमरे, मोबाईल फोन, रिकॉर्डर लैपटाप

इत्यादि पहुँच चुके हैं। किसी भी ख़बर को विडियो चित्र द्वारा प्रस्तुत करना अब बहुत आसान हो गया है। आज फैक्स के जरिए कोई भी समाचार लंबे लेख आदि मिनटों में दूर–दूर भेजे जा सकते हैं। इस नव इलेक्ट्रॉनिक संचार मीडिया ने सूचना प्रौद्योगिकी के क्षेत्र में क्रांति उत्पन्न कर दी है।

भारत में जिस प्रकार की लोकतांत्रिक व्यवस्था है, उसमें तो इसका महत्व और भी बढ़ गया है। यही कारण है कि संचार सेवाओं का ग्रामीण और पिछड़े क्षेत्रों में अतीव तीव्रता से विस्तार किया जा रहा है। साथ ही संचार की अत्याधुनिक प्रौद्योगिकियों को भी अपनाया जा रहा है।

किसी भी देश की छवि उसके संचार माध्यमों से ही ज्ञात होती है। भारत में संचार माध्यमों ने कुछ ही वर्षों में अभूतपूर्व सफलता प्राप्त की है और निरंतर विकास की ओर अग्रसर है। आम व्यक्ति की बढ़ती हुई जिज्ञासा को शांत करने के लिए सभी भाषाओं में समाचार–पत्रों पत्रिकाओं तथा टीवी चैनलों के प्रकाशन में वृद्धि हुई है। अंतरिक्ष में सफलतापूर्वक प्रक्षेपित हो जाने के बाद से दूरदर्शन के कार्यक्रमों के प्रसारण में राष्ट्रीय स्तर पर वृद्धि हुई है। साथ ही इंटरनेट व मोबाईल फोन के जरिए देश विश्व के कोने–कोने से जुड़ गया है। आज हमारे देश में हजारों समाचार–पत्र, पाक्षिक, साप्ताहिक तथा मासिक पत्र–पत्रिकाएँ प्रकाशित हो रही हैं। विश्व के सबसे बड़े लोकतांत्रिक देश के रूप में भारत अनेक दृष्टियों से महत्वपूर्ण है। निष्कर्ष रूप में कहा जा सकता है कि भारत में संचार माध्यमों का विकास राष्ट्रीय और सामाजिक नव जागरण के संदर्भ में हुआ। इसके बाद विषय की प्रमुखता और पाठक वर्ग या श्रोता वर्ग की भिन्नताओं के आधार पर इसका बहुमुखी विकास हुआ। साहित्यिक–सांस्कृतिक क्षेत्र के अतिरिक्त धर्म, जाति सुधार व्यापार–वाणिज्य, विज्ञान, उद्योग, रोजगार, शिक्षा लोककला से संबंधित क्षेत्रों में इसका संचरण तथा तीव्र विकास हुआ है। **"इस प्रकार जनसंचार और जनसंचार के माध्यमों का प्रथम एवं अंतिम लक्ष्य मनुष्य जीवन की बेहतरी है। अतः इसके केन्द्र में मनुष्य मात्र है। मनुष्य के द्वारा मनुष्य निर्मित संचार माध्यमों के सहयोग से मनुष्य समाज की उन्नति का यह चक्र जनसंचार का मूलमंत्र है, किन्तु इन माध्यमों के उत्तरोत्तर विकास से जिस तीव्रता के साथ समाचार, संवाद, संदेश प्रेशित होते, उतनी ही तीव्रता से उनकी प्रतिक्रियाएँ होने लगी हैं। दंगे, फसाद, युद्ध, घृणा, सरकारी नीतियों में**

परिवर्तन आदि में तेजी आ गई है। जनता और सरकारें भी जनसंचार माध्यमों के प्रति अधिक सजग हो गई हैं। समाज के सभी घटकों पर इसका प्रभाव देखा जा सकता है।"[4]

भारतीय लोकतंत्र में मीडिया महत्वपूर्ण भूमिका निभा रहा है। मीडिया मजबूत लोकतंत्र का प्रतीक बन गया है। मीडिया ने समाज को जागरूक बनाकर अपनी जिम्मेदारी का निर्वाह किया है। इस जागरूकता के कारण ही आज देश में बदलाव का माहौल है। मीडिया के पाठकों, दर्शकों व श्रोताओं की संख्या आज करोड़ों में है। ऐसे में लोकतंत्र में मीडिया का महत्व और अधिक बढ़ जाता है। आज इन संचार माध्यमों की वजह से देश के हर क्षेत्र में तीव्र गति से विकास हुआ है।

साथ ही जनता में सबसे उल्लेखनीय विकास यह हुआ कि वह अब जागरूक बन गई जिससे देश ने शिक्षा, व्यावसायिक, वैज्ञानिक, सामाजिक, आर्थिक, अन्य और भी क्षेत्रों में विशेष उपलब्धि प्राप्त की है।

अच्छे शासन और लोकतांत्रिकरण को बढ़ाने में मीडिया का बहुत बड़ा हाथ है। पिछले कुछ वर्षों में इंटरनेट और विभिन्न आधुनिक संचार के आविष्कार ने लोगों से संचार स्थापित करने और ज्ञान व सूचनाओं की साझेदारी में महत्वपूर्ण भूमिका निभाई है। इन नई प्रौद्योगिकियों से सामाजिक भागीदारी के लिए व्यापक संभावनाएँ विकसित हुई हैं। इससे अच्छे शासन व लोकतंत्र के विस्तार की क्षमता विकसित हुई हैं। अतः हम उपुर्यक्त विवेचन के आधार पर कह सकते हैं कि भारतीय लोकतंत्र में संचार माध्यमों की उल्लेखनीय भूमिका है। ये एक–दूसरे के पूरक हैं यह कहना असंगत नहीं होगा।

संदर्भ ग्रंथ सूची

1. माथुर मीना, प्रजातंत्र, प्रेस तथा प्रशासन, एबीडी पब्लिशर्स, जयपुर, 1999।
2. नदाफ रेषमा, जनसंचार एवं पत्रकारिता, पृ. 2।
3. जर्नलिज्म क्वाटर्ली, वोल्युम 40, नं. 1, 1963, पृ. 27।
4. त्रिपाठी डॉ. राम छबीला, प्रयोजन मूलक हिन्दी, पृ. 221 कैलाश पुस्तक सदन, भोपाल, 2006।

12

व्यावसायिकता और बाज़ार तथा मीडिया के सरोकार

डॉ. कमलेश कुमारी

'हम क्या थे क्या हो गए और क्या होंगे अभी' गुप्त जी की यह पंक्ति सभ्यता–संस्कृति, मूल्य, राजनीति, शिक्षा, मीडिया सभी जगह चरितार्थ होती है। यहाँ मैं मीडिया अर्थात् प्रिंट और इलेक्ट्रॉनिक मीडिया की बात विशेष रूप से कर रही हूँ। आज समाचार–पत्र–पत्रिकाएँ या टी.वी. सभी पर बाज़ार हावी है। मीडिया बाज़ार की जरूरतों के हिसाब से अपने कंटेंट में बदलाव ला रहा है। हाशिये के लोग और हाशिये के मुद्दे अर्थात् आम जन के लिए आज मीडिया में कोई जगह नहीं है।

प्रिंट मीडिया की यदि बात करें तो समाचार पत्रों के सरोकार बड़ी तेजी से बदलते दिख रहे हैं। लगभग जन–सरोकार के सारे मुद्दों पर कलम चलनी प्रायः बन्द–सी हो गई है। स्वस्थ और जागरूक समाज के प्रति क्या मीडिया की कोई जवाबदेही बची है? यह बड़ा प्रश्न है। लोकतंत्र, प्रशासन, भूख, गरीबी, भ्रष्टाचार, बेरोजगारी, अभाव अर्थात् आम जन के दुःख दर्द मीडिया तक पहुँच ही नहीं पाते। भारत एक कृषि–प्रधान देश है। जिसकी आबादी का बड़ा हिस्सा गाँव देहातों में रहता है। क्या मीडिया तथा उसका कैमरा इन गाँव देहातों में रहने वाले लोगों के नारकीय जीवन तथा उनकी समस्याओं को उठा सका है? उन्हें अपनी प्राथमिकता–सूची में रख पाया है? नहीं, क्योंकि किसान और

आमजन के दुःखं–दर्द भला मीडिया को क्या देंगे? क्या उससे अख़बार बिकेंगे? समाचार–पत्र बड़े–बड़े धनिक–वर्ग द्वारा चलाये जाते हैं और उनका उद्देश्य अपरिमित धन कमाना है। वस्तुतः पत्र–संचालन ने जब से व्यवसाय का रूप लिया है तब से पत्र धन कमाने का साधन बन गए हैं। आज के उद्योग बन रहे मीडिया को उसके संपादक की नहीं, मैनेजर की जरूरत है। व्यावसायीकरण की इस विभीषिका के कारण पत्रकारिता में पूँजीपति, मालिक एवं उसके व्यवस्थापक का स्थान उँचा होने लगा। पत्र–मालिकों ने देखा कि समाचारपत्रों का प्रकाशन एक ऐसा व्यवसाय है जिसके द्वारा मोटा मुनाफा कमाया जा सकता है। आज के समाचार–पत्र विचार और आदर्श तथा सेवा और साधना के प्रतीक न होकर धन लोलुपता के पूरक हो गए हैं। बिक्री बढ़े, चाहे जैसे भी, यह उनका एकमात्र लक्ष्य हो गया है, इसलिए नहीं कि ज्यादा से ज्यादा जनता तक पहुँचकर किसी सिद्धान्त का प्रचार करना चाहते हैं, बल्कि इसलिए कि बिक्री बढ़ने से उनका दुहरा लाभ होता है। बिक्री से ज्यादा आय तो होती ही है, पर उससे ज्यादा आमदनी विज्ञापनों से होती है। जो वस्तुतः पत्रों की प्रमुख आय है अतः आमदनी हेतु जैसे भी हो पत्र–मालिक अपनी सारी शक्ति लगा देते हैं। पत्रों की बिक्री बढ़ाने हेतु उन्हें बाजारू रंग में पूरी तरह रंगा जाता है और उसके लिए उचित–अनुचित, अश्लीलता तथा अशिष्टता सबका सहारा लिया जाता है। यहाँ देशी–विदेशी अख़बारों की बात करें तो लगभग सभी अपने भड़काऊ और अश्लील चित्रों के द्वारा ही चल रहे हैं इन अख़बारों में फिल्मी हस्तियों की प्रेमलीला या उँचे घरानों की भोगलिप्सा एवं अश्लील कहानियाँ इसकी मुख्य कंटेंट बनती जा रही हैं। लंदन से प्रकाशित होने वाला विश्व का सबसे अधिक बिक्री वाला एक पत्र की सर्वाधिक बिक्री का यही एकमात्र रहस्य है कि उस पत्र में दुनिया भर की गन्दगी, अश्लीलता, अपराध और व्यभिचार छपते थे। उसी व्यावसायिक परम्परा को क्या भारतीय प्रिंट मीडिया आगे नहीं बढ़ा रहा? वस्तुतः विज्ञापन दाता पत्र मालिकों के आका हैं इसलिए उन्हें नाराज़ करने की हिम्मत पत्र–संचालक नहीं कर सकता। धन की भूख में अन्ध हुआ पूँजीवादी पत्र–संचालक इस सीमा तक पत्रों की मर्यादा को दाँव पर लगा देता है कि विज्ञापन चाहे कितने ही भ्रष्ट तथा गन्दे हों उनका मुख्य तौर पर प्रदर्शन होता है। दूसरी ओर यदि हम पत्रिकाओं की बात करें तो पाएँगे कि हिन्दी की अच्छी और औसत पत्रिकाएँ बंद हो गयी हैं, क्योंकि प्रकाशकों–व्यवसायियों

को उसमें अपनी पूँजी फँसाना गँवारा नहीं हुआ। अर्थात् प्रिंट मीडिया ने व्यावसायिकता के आगे घुटने टेक दिये हैं। अब पत्रकारिता की दुनिया में मिशनरी भावना के स्थान पर व्यावसायिकता की तूती बोल रही है। लोभ और लाभ की संस्कृति पत्रकारिता का प्राण तत्त्व है।

दूसरी ओर इलेक्ट्रॉनिक मीडिया की बात करें तो वहाँ व्यावसायिकता का रंग प्रिंट मीडिया से और गहरा ही है। टेलीविजन और केबल टी.वी. पर बाज़ार का दबाव स्पष्टतः परिलक्षित है। सैंकडों चैनल दिन–रात एक ही घटना से संबंधित कच्चे–पक्के समाचारों की मूसलाधार बौछार करते रहते हैं। दरअसल घटनाओं के समाचारों का उपयोग भी उपभोक्तावादी बाज़ार ने खेल तथा मनोविनोद के कार्यक्रमों की तरह अपने स्वार्थ हेतु किया है। हर अच्छी–बुरी घटना के समाचारों का उपयोग विज्ञापन कार्यक्रमों के रूप में किया जाता है। विज्ञापनों के माध्यम से मीडिया एक उपभोक्ता बाज़ार बन गया है। टेलीविजन की व्यापारिक मंडी में समाचार एक उत्पाद है जिसे बेचने के लिए सिर्फ व्यावसायिक उत्साह की आवश्यकता है। विश्व बाज़ार और खुली मंडी नीतियों से प्रेरित बहुराष्ट्रीय निजी टेलीविजन कंपनियों ने मीडिया के सामाजिक उद्देश्यों की अवहेलना कर उसे व्यवसाय बना दिया है। टी.वी. के लगभग ढाई सौ चैनल दिन–रात जो कार्यक्रम दिखाते रहते हैं, वे सब बाज़ारी रंग से पूरी तरह रंगे होते हैं। फिर चाहे समाचार हों, विज्ञापन, धारावाहिक या रियलिटी शो। सभी स्तरहीन एवं बाजारू हैं। मीडिया के वाणिज्यीकरण के इस पेशा में बाज़ार को संचालित करने वाले हाथ पूँजीवाद के हैं अतः पूँजी कमाना ही बाज़ार का एकमात्र लक्ष्य है जिसे मीडिया अपना प्रथम धर्म समझकर निभा रहा है। मीडिया आज एक कॉमर्शियल मॉडल के अतिरिक्त कुछ और नहीं। सभी न्यूज चैनल समाचारों के कारखाने हैं जहाँ समाचार रूपी माल का उत्पादन इस दृष्टिकोण से होता है कि क्या यह न्यूज रूपी माल बिकेगा? दूसरे शब्दों में बाज़ार के गणित के हिसाब से समाचार गढ़े जाने लगे हैं। मीडिया को कठपुतली की भाँति नचाने वाले स्वामियों के दिमाग में केवल मुनाफे की चिन्ता रहती है, जवाबदेही की नहीं। तभी तो कच्ची–पक्की अशु (माल रूपी सूचना) को शीघ्रातिशीघ्र बाज़ार रूपी मंडी में पहुँचाने की विभिन्न चैनलों में होड़ लगी रहती है और अनावश्यक समाचार को न्यूज बनाकर आवश्यक समाचार कूड़ेदान में डाल दिये जाते हैं। वास्तव

में मीडिया के आज के प्रमुख सोपान हैं– बाज़ार, माल ग्राहक और मुनाफा। अर्थात् जो समाचार इन कसौटियों पर खरा उतरता है वही समाचार है अन्यथा नहीं। ग्लैमर, अपराध तथा सेक्स रूपी समाचार धड़ल्ले से बाज़ार में बिकते हैं और उपभोक्ता उसे हाथों–हाथ लेते हैं।

अनगिनत चैनलों पर 24 घंटें समाचार दोहराये जाते हैं उन्हें ब्रेकिंग तथा 'एक्सक्लूसिव' अंदाज में चटपटे मसालेदार और सनसनीखेज बनाकर परोसा जाता है। सबसे तेज माना जाने वाला समाचार चैनल 'आज तक' पर जब देखो पुरोहित ज्योतिष की दुकान सजाए बैठे रहते हैं या पाकिस्तानी अभिनेत्री वीना मलिक कहीं खो जाती है उसकी चिंता सताती रहती है, अथवा राजनैतिक समाचारों के ब्रेक्रिंग न्यूज में पाकिस्तानी विदेश मंत्री हिना रब्बानी खार के सनग्लास, पर्स और उसकी ड्रेस पर विस्तार से चर्चा होती है और नहीं तो एक्सक्लूसिव न्यूज में 'आज डॉन; शाहरूख खान, आज तक से करेगा खुद बात' जैसी खबरें छायी रहती हैं। सैफ अली खान और करीना की शादी या फिल्मी सितारों की कौन–सी जोड़ी कौन–से नंबर पर है 'ब्रेक्रिंग न्यूज' बनी रहती है। कारण–बाज़ार का दबाव और जन सरोकार से आँखे चुराता मीडिया।

विज्ञापनों की तो बात ही क्या है, विज्ञापनों के झूठे भ्रम में फँसा उपभोक्ता आज बाज़ार की पूरी तरह से गिरफ्त में है ऐश्वर्या रॉय जैसे बालों के लिए तो लारियल शैम्पू ही चाहिए। करीना कपूर जैसी चमकती त्वचा के लिए 'लक्स' ही एकमात्र साबुन है तथा 'कंपलीट मैन' बनना है तो 'रेमंड' पहनकर ही बना जा सकता है। फेयर एण्ड लवली क्रीम सात दिन लगाकर आप सीधे एयर होस्टेस बन सकती हैं आदि। वस्तुतः बाज़ार माँग और पूर्ति के सिद्धान्त पर चलता है अधिक से अधिक मुनाफा कमाना इन चैनलों का लक्ष्य है और यह व्यवसाय फलता–फूलता है विज्ञापनों के दम पर, क्योंकि मीडिया पर कॉरपोरेट जगत तथा उनकी विज्ञापन कंपनियों का कब्जा है। तभी तो सुबह–सुबह हमारा टूथ–पेस्ट या साबुन, शैम्पू कौन–सा होगा यह मीडिया तय करता है। ये विज्ञापन ही बाज़ार का धारदार हथियार हैं जो उपभोक्ता को बिना भनक लगे ही उसे धाराशायी कर कर्जदार बना देते हैं, और इस तरह बाज़ार की तिजोरियाँ भरती जाती हैं।

इसी प्रकार सीरियल तथा रियलिटी शो भी बाज़ार की माँग को पूर्ण करने में जुटे रहते हैं। यह तो सर्वविदित है कि चैनलों के स्वामी अरबपति लोग ही हो सकते हैं, अतः अपने चैनलों पर अरबों रुपये लगाने वाले इन पूँजीपतियों के इन रुपयों की भरपाई इन कार्यक्रमों तथा विज्ञापनों से ही तो होनी है। 'बिग बॉस' के आए दिन होने वाले झगड़े हो या राखी सावंत का स्वयंवर अथवा रतन राजपूत का स्वयंवर सभी टी.आर.पी. हासिल करने तथा अनगिनत बहुराष्ट्रीय कंपनियों के विज्ञापन बटोरने की प्रक्रिया है और कुछ नहीं।

यह सत्य है कि मीडिया अपने बुनियादी सरोकारों से पूरी तरह मुँह मोड़ चुका है और वह एक व्यवसाय बनकर बाज़ार के हाथों की कठपुतली बन चुका है। कभी लोक हित, जन जागृति तथा लोकतंत्र का चौथा स्तंभ माना जाने वाला मीडिया आज एक कॉमर्शियल संस्थान की भूमिका निभाता नज़र आ रहा है। निःसंदेह मीडिया बाज़ारवाद की संस्कृति के साम्राज्य को विस्तार देने में एक हथियार साबित हो रहा है तथा बाज़ार ने आम जन का जीवन प्रभावित करके उसे अपने अनुरूप ढाल लिया है, लेकिन इसके अपवाद भी है जैसे अन्ना हजारे की जन लोकपाल के लिए चलायी गयी मुहिम तथा स्टिंग ऑपरेशन द्वारा घोटालों के भंडाफोड़ में मीडिया ने महत्त्वपूर्ण भूमिका निभाई है। इसी प्रकार ऐतिहासिक सामाजिक मूल्यों पर आधारित 'वीर शिवाजी' तथा 'बालिका वधू' धारावाहिक भी उल्लेखनीय हैं, किन्तु मूलतः मीडिया की आत्मा बाज़ार के पास गिरवी रखी है और बाज़ार का पेट तथा उसकी पिशाचरी भूख बहुत बड़ी है। जिसने तमाम जन सरोकारों को अपना ग्रास बना लिया है। आज मीडिया का एकमात्र सरोकार है– 'पैसा' और सिर्फ पैसा।

अतः अभी भी समय है कि मीडिया जन–आवश्यकताओं–आकांक्षाओं से जुड़कर गरीबी, बेरोजगारी तथा जीवन की बुनियादी सुविधाओं के अभाव और सामाजिक न्याय से जुड़े सवालों पर अपनी संतुलित सोच विकसित करते हुए आमजन के प्रति अपनी जवाबदेही तय करें, क्योंकि कहते भी हैं कि 'जब जागो तभी सवेरा'।

13

मीडिया की नैतिकता और यथार्थ

गजेन्द्र प्रताप सिंह

मीडिया का यथार्थ और उसकी नैतिकता हमारे समक्ष एक बह्म के समान परिलक्षित हुई है। जिसके अनेकों रूप हैं 'एकोश्ष्हं बहुस्यामः'। जो कभी संचालक, निर्णायक के साथ–साथी खलनायक की भूमिका भी निभाता है और सीधे मानव जीवन को प्रभावित करता है। इस परिवर्तन की प्रक्रिया ने सब कुछ बदल कर रख दिया है। हालाँकि प्रत्येक वस्तु में कुछ सकारात्मक पक्ष होते हैं तो कुछ नकारात्मक। फिर मीडिया इन अवगुणों से अछूता कैसे रह सकता है। वो आम जनता का हथियार होने के साथ–साथ शोषण का औजार भी है। इसी परिप्रेक्ष्य में अकबर इलाहाबादी ने ठीक ही कहा था–

'खींचो न कमान, न तलवार निकालो,
जब तोप मुकाबिल हो, अख़बार निकालो।'[1]

इस यथार्थ की सच्चाई के मध्य जो खाई है, वही समाज के सच और मीडिया की नैतिकता के बीच बनी हुई है। मीडिया यथार्थ के नाम पर जो परोस रहा है उसमें पूर्णतः सच्चाई हो, नैतिकता हो, इस पर सवालिया निशान लग सकते हैं। वह कुछ–न–कुछ अंश समाज से छिपा ही लेता है। बाकि चीजों को नमक–मिर्च लगा कर परोस दिया जाता है। मीडिया समाज से यथार्थ के कुछ अंश इसलिए छिपा लेता है क्योंकि, वो समाज को सच से

रू–ब–रू कराने का जोखिम नहीं उठाना चाहता। वैसे मीडिया ने सारी सीमाओं को लाँघकर सारी दुनिया को अपने शिकंजे में जकड़ लिया है। इस शिकंजे की पहुँच से गरीब तबका भी अछूता नहीं रहा है। वह उस तबके को ललचाने–लुभाने, डराने, धमकाने, एवं एक चकाचौंध दुनिया दिखाने के अतिरिक्त कुछ भी नहीं करता। अगर गौर किया जाए तो, मीडिया का जन्म सूचना देना, मनोरंजन करना तथा शिक्षित बनाने के उद्देश्य से हुआ है। इस प्रकार मीडिया मानव जीवन का एक अभिन्न अंग है, संपूर्ण जीवन नहीं। मीडिया मानव के लिए वरदान भी है और अभिशाप भी, चुनौती यह है कि उसकी दिशा क्या हो?

अगर कहा जाए तो मीडिया की हजार–हजार बाँहें हैं। न जाने कब किस बाँह से गर्दन दबोच ले। इन सबके पीछे बाजार की ताकत, पूँजी की शक्ति काम करती है। बाजार का पूँजी का खेल मानवता को चूस रहा है। और समाज की अधिकांश जनता को इस अंधी दौड़ में भाामिल भी कर लिया है। 'ग्रेसम का नियम' आज मीडिया में लागू हो चुका है। ग्रेसम का नियम है कि ''अपेक्षाकृत अधिक विश्वसनीय और खरे सांस्कृतिक सिक्कों को, खोटे सांस्कृतिक सिक्के चलन से बाहर कर देते हैं।''[2]

आज मीडिया की गिरफ्त में प्रायः समाज का हर एक तबका है। सवाल है उसका सही दिशा में गतिशील होने का। यदि वह सही दिशा अख्तियार कर ले, अपनी सोच और क्रिया को सकारात्मक ढंग से बदल ले तो राष्ट्र का नक्शा तथा मानव जीवन का रूप ही बदल जाएगा। उसे लूट–पाट, हिंसा, आक्रामकता, अश्लीलता तथा फूहड़ता से अपना दामन छुड़ाना होगा। उसे 'पहेली' की संस्कृति से बचकर जीवन की समग्रता को पकड़ना होगा तथा वृहोद्त्तर सामाजिक दायित्व को ध्यान में रखकर अपने लक्ष्य को प्राप्त करने में प्रयत्नशील होने की जरूरत है।

हालाँकि मीडिया ने हमें सनसनीखेज सुर्खियों का आदी बना दिया है। इतिहास, कला, संस्कृति, राजनीति, घटना आदि सभी क्षेत्र में सनसनीखेज तत्व हावी हैं। सनसनीखेज सुर्खियाँ जनता के दिमाग पर निरंतर बमबारी कर रही हैं। इस हमले में ज्यादा–से–ज्यादा सूचनाएँ होती हैं। किंतु इन सूचनाओं की व्याख्या करने और आत्मसात करने की जरूरत में लगातार

गिरावट आ रही है। "आज मीडिया जनता को संप्रेषित ही नहीं कर रहा बल्कि भ्रमित भी कर रहा है। यह कार्य वह अप्रासंगिक को प्रासंगिक बनाकर, पुनरावृत्ति और शोर के साथ कर रहा है। हम बराबर मीडिया से 'किल्वे' सुन रहे हैं। इस सबसे कारण जहाँ मीडिया ज्यादा–से–ज्यादा सूचनाएँ दे रहा है वहीं दूसरी ओर कम–से–कम संप्रेषित कर रहा है।"[3] वहीं सार्वजनिक जीवन के साथ–साथ लोगों के व्यक्तिगत जीवन में भी मीडिया की उपस्थिति सार्थक रूप से बढ़ी है। लेकिन लोकप्रियता की चकाचौंध में मीडिया अपनी प्रतिबद्धता की चमक खो चुका है। ऐसे में मीडिया के स्वरूप और कार्य के संबंध में मोटे तौर पर दो अलग–अलग दृष्टिकोण सामने आए हैं–कुछ लोगों का मानना है कि "मीडिया में गंभीर रिपोर्टों के स्थान पर मनोरंजक समाचारों की प्रमुखता है, यहाँ सामाजिक और राजनीतिक मुद्दों पर सारगर्भित विचार मंथन नहीं होता है। मीडिया साधन संपन्न उच्च वर्ग के हितों और मूल्यों को ही अभिव्यक्त करता है और जनता के असली हितों की अनदेखी।"[4]

यह सही है कि एक हद तक मीडिया उद्योग बन चुका है और मुनाफा अर्जित करना उसका उद्देश्य है, पत्रकारिता मिशन है, व्यवसाय है या कला है, यह सवाल विचारणीय है। आजादी के बाद मिशन से व्यवसाय बनी पत्रकारिता अब ग्लोबल आँधी में बाजार की कठपुतली बन गई है। इस बाजार के नए औजारों ने इसकी नैतिकता को सवालों के घेरे में खड़ा कर दिया है। **जे.बी. मैकी** ने कहा था– "पत्रकारिता में किसी तरह भी भ्रष्टता या नैतिक भावना के साथ खिलवाड़ का परिणाम अंत में बुरा ही होता है।"[5] क्योंकि अच्छे–बुरे का, नैतिक–अनैतिक पैरामीटर उनके किसी काम का नहीं है। नैतिकता के सवाल उनके लिए बेमानी है। मीडिया की प्रवृत्ति में दिनोंदिन तेजी से आ रहे बदलाव यथार्थ के 'कॉमर्शियल मॉडल' का ही परिणाम है। अब मीडिया स्पेस में ग्लैमर की दुनिया ने कब्जा कर लिया है।

इस आलोक में "उदार तथा अनुदारपंथी दोनों ही तरह के विश्लेषणकर्त्ता मीडिया के नियम–कायदों और व्यवहार, जनमत तथा सूचना स्रोत की पहल हो, मुख्य नियमनकारी तत्वों के रूप में रेखांकित करते हैं। ये मीडिया की नैतिकता के विचार को ही बकवास करार देकर ठुकरा देते हैं कि मीडिया या जनमाध्यम, उन पर भारी पड़ सकते हैं जिनका मीडिया पर स्वामित्व तथा नियंत्रण है।"[6] आजादी से लेकर अब तक के मीडियास्वरूप सामाजिक,

आर्थिक व राजनैतिक स्तर पर काफी बदला है। जहाँ तक मीडिया और समाज के संबंधों की बात है, तो वो संबंध पहले से कहीं अधिक प्रगाढ़ हुए हैं, इसमें कोई दो राय नहीं है। पहले मीडिया का सामाजिक सरोकार तो था, लेकिन जैसे–संबंध आज है वो काल्पनिक बातें थी।

'एक सर्वेक्षण के अनुसार तीन टी.वी. समाचार चैनलों की कुल 540 खबरों का विश्लेषण करने पर यह तथ्य सामने आए हैं कि देश के ग्रामीण अंचलों में रहने वाली 70 प्रतिषत आबादी की कुल 2.4 प्रतिशत खबरें इसमें शामिल की गई थी। महानगरों के ग्लैमर से जुड़ी खबरों का प्रतिशत सबसे ज्यादा था। केवल राष्ट्रीय राजधानी क्षेत्र दिल्ली के 35 प्रतिशत समाचार इसमें शामिल थे। 12 प्रतिशत समय विदेशी घरानों को दिया गया था।'[7]

वास्तव में यह युग सूचना और संचार का युग है जिसमें अख़बार, पत्रकारिता के आदर्शों से पतित हो रहे हैं। सामाजिक सरोकारों से लगातार विमुख होते जाने से पत्रकारिता का नैतिक पतन निश्चित रूप से हुआ है। "आज के पत्रकारी युग का आदर्श खबरों को देना नहीं, बल्कि ऐन–केन प्रकारेण खबरों को बेचना भर रह गया है। खबरों में न केवल मिलावट हो रही है, बल्कि पेड न्यूज के तहत विज्ञापनों को खबरों के रूप में छापकर पाठकों को गुमराह किया जा रहा है।"[8]

आज का मीडिया खतरे की चेतावनी नहीं देता, बल्कि खतरे को कई बार और बढ़ा देता है। "कुछ वर्षों पहले गुजरात के 'गोधरा कांड', के दौरान उन्माद बढ़ाने वाली रिपोर्टिंग के जरिये यही तथ्य उजागर हुए। अभी हाल ही में मुंबई के होटलों में हुए आतंकवादी घटनाओं की रिपोर्टिंग ने राष्ट्रीय सुरक्षा तक की चिंता नहीं की।"[9] एक समय था जब सत्य, प्रेम, अहिंसा, करूणा, दया और मानवता का संदेश देने वाले महापुरूष और देश पर प्राण न्यौछावर करने वाले क्रांतिकारी उन खबरों के नायक हुआ करते थे, लेकिन आज तस्करों, डकैतों, बलात्कारियों को इनमें नायकत्व मिल रहा है। जैसे–"2005 के आखिरी महीनों में दिल्ली पब्लिक स्कूल के दो छात्रों का जो अश्लील एम.एम.एस. बना था। देश भर ने वो तस्वीरें देखीं और जनता नैतिकता पर मीडिया की चिल्लाहट की गवाह बनी। इस खबर के बाद लड़की के पिता ने आत्महत्या कर ली।"[10]

मैथिलीशरण गुप्त की रचना भारत भारती इस चेतना के क्षेत्र की चुनौती को निम्न शब्दों में वाणी देती है–

"हम कौन थे क्या हैं और क्या होंगे अभी
आओ विचारें बैठकर ये समस्या सभी"[11]

कहना गलत न होगा कि मीडिया में धवस्त होते नैतिकता के मानदंड इतने प्रभावित हो चुके हैं कि उसमें सूचना का यथार्थ अपने–अपने हितों को साधने के कारण बदल जाता है। ज्यॉ बोद्रिया के अनुसार, "मीडिया शब्द, दृश्य और अर्थ को ध्वस्त करके उन्हें पुनर्निर्मित करता है ताकि इच्छित प्रभाव उत्पन्न किया जा सके। मीडिया हमारे और यथार्थ के बीच मध्यस्थता करता है और यह मध्यस्थता हमारे लिए यथार्थ को अधिक से अधिक अवमूल्यन करती है। क्योंकि, लक्ष्मण रेखा के उस पार सफलता का उजाला नहीं बल्कि असफलता का जिल्लत भरा अँधेरा है। क्या हमारे देश के पत्रकार और मीडिया 'न्यूज ऑफ द वर्ल्ड' के अंजाम से कुछ सबक लेंगे? उनका जो हो सो हो, पर सवालों से घिरा भारतीय मीडिया इस दुर्घटना से सबक क्या लेता है? "पिछले दो दशकों के दौरान हमारे मीडिया ने भी लक्ष्मण रेखा को निरंतर लाँघा है। मीडिया को व्यवसाय मानने में कोई हर्ज़ नहीं है, पर हर पेशे की अपनी नैतिकता होती है और नैतिकता के अपने मानदंड। इनका निर्वाह ऑक्सीजन की तरह है, जिसके बिना जिया नहीं जा सकता। ये मानदंड इधर के सालों में लगातार टूटे हैं। यह चिंता की बात है।"[12]

मीडिया के सामाजिक तथा राष्ट्रीय सरोकारों पर लगातार वैश्वीकरण एवं बाजार का नकारात्मक दबाव पड़ रहा है। समाज को बताने–दिखाने, गढ़ने–बनाने के उपक्रम में भारतीय मीडिया नित्य नये–नये प्रयोग कर रहा है। मीडिया ने और कुछ किया हो एक खास किस्म की नैतिकता को समाज में जन्म दे दिया है। वह हैं, संदर्भहीन खबरें। "संदर्भहीनता टेलीविजन खबरों का प्रधान लक्षण है संदर्भों से कटकर राजनीति, कानूनी, सांस्कृतिक, सामाजिक सवालों और खबरों को पेश करना मीडिया का प्रमुख 'फिनोमिना' है। टेलीविजन खबरों को जो लोग स्वयं प्रमाण मानकर चल रहे हैं वे भूल जाते हैं कि संदर्भहीन खबरों की प्रस्तुति से 'फासीवादी' मानसिकता तैयार होती है।"[13]

भारतीय प्रेस परिषद् के अध्यक्ष न्यायमूर्ति जी.एन.रे ने प्रिंट मीडिया के भविष्य को सकारात्मक बताते हुए कहा कि वैश्विकरण और न्यू मीडिया के बढ़ते वर्चस्व व प्रतिस्पर्धा से जूझते अख़बार, जन सरोकारों से गहराई से जुड़कर भारतीय राष्ट्र व समाज में अपने चौथे स्तंभ की भूमिका को सार्थकता प्रदान कर सकते हैं। इस हेतु प्रिंट मीडिया को स्वयं चिंतन–मनन, विवेचन–विश्लेषण की प्रक्रिया को अनवरत अपनाना होगा। बावजूद इसके मीडिया और कॉरपोरेट जगत के बीच बिचौलियों की भूमिका अदा करने वाले प्रभु चावला अपनी नैतिकता दाँव पर लगा चुके हैं। जिसके कारण उन्हें 'आज तक' से बाहर का रास्ता देखना पड़ा। परंतु प्रभु चावला "अपनी पहुंच का इस्तेमाल करते हुए अब आईबीएन–7 पर 'तीखी बात' नाम से उनका साप्ताहिक कार्यक्रम शुरु होने जा रहा है, लेकिन सवाल उठता है कि प्रभु चावला जिन पर कॉरपोरेट, नेता और मीडिया संस्थान के बीच मध्यस्थ की भूमिका निभाने वाले का ठप्पा लग चुका है, वो किस मुँह से नैतिकता की बात करेंगे। कैसे और किस अधिकार, नैतिकता से वे सच्ची और तीखी बात कर पायेंगे।"[14]

इसमें कोई दो राह नहीं है कि आज राजनीतिक दलों व औद्योगिक कंपनियों के मीडिया प्रकोष्ठ और पी.आर. एजेंसियाँ मिलकर समाचार की अंतर्वस्तु को प्रभावित कर रही हैं, उसे अपने अनुसार तोड़–मरोड़ रही हैं, धुमा रही हैं, अनुकूल अर्थ दे रही हैं, और यहाँ तक कि जरूरत पड़ने पर अपने प्रतिकूल की खबरों को दबाने तक की पुरजोर कोशिशें कर रही हैं। इसमें करोड़ों रुपये की डील हो रही है। लेकिन मीडिया प्रबंधन के बढ़ते दबदबे और दबाव ने मीडिया की स्वतंत्रता, निष्पक्षता, संतुलन और तथ्यपरकता तथा सामाजिक व राष्ट्रीय सरोकारों को न सिर्फ कमजोर करके गहरा धक्का पहुँचाया है बल्कि उसकी साख और विश्वसनीयता को भी अपूर्णनीय क्षति पहुँचायी है।

इस प्रकार "सिस्टम में खराबी और सरकार को नैतिकता और जिम्मेवारी की सीख देने वाला मीडिया को क्या अपने गिरेबान में झाँकने की जरूरत नहीं हैं? मीडिया छोटी–बड़ी गलती के लिए सरकार को घेरने की कोशिश में रहता है? लेकिन कभी ये सोचा है कि अगर सरकार और सिस्टम मीडिया को इसकी जिम्मेवारी सिखाने की जिद ठान ले तो क्या होगा? अमर्यादित

ढंग से पत्रकारिता करने, बेहूदी खबरें चलाने, बड़ी खबरों को देर से दिखाने जैसे कई मुद्दे पर अगर लोकतंत्र के तीन अन्य स्तंभ मीडिया को घेरने में लग जाएँ लगे तो शायद मीडिया को अपनी औकात का पता चल जाएगा।"[15]

अंत में "नैतिकता जीवन समाज के किसी भी क्षेत्र में गांधीयुग की तरह नहीं रही है तो फिर मीडिया में ही क्यों रहे? लोकतंत्र के अन्य स्तंभों पर अंकुषपरक नज़र रखने की जिम्मेदारी मीडिया पर है जब तीनों स्तंभ अनैतिकता और भ्रष्टाचार के दीमक से एकदम खोखलें हो गए हैं तब चौथे स्तंभ खबरपालिका में 60 साल तक नैतिक रूप से श्रेष्ठ रहने के बाद वैश्विकरण व बाजार के कुछ दीमक लग गए तो इतनी हाय–तौबा, शोर–शराबा क्यों? जब जीवन व समाज में कही आदर्श नहीं तो एकमात्र क्षेत्र मीडिया के लिए इतने कड़े आदर्श क्यों?"[16]

कहना कठिन है कि मीडिया के इस परिवर्तन का क्रम कहाँ जाकर थमेगा। जरूरत है अपनी संस्कृति के संस्कार और संविधान की मर्यादा के प्रति जागरूकता बनाए रखने की। तभी हम ग्लोबल तूफान के बावजूद ऐसी परिस्थितियाँ पैदा कर सकेंगे जो मीडिया को उसके मौलिक स्वरूप और चरित्र के साथ–साथ न्याय हो सके।

संदर्भ–ग्रंथ

1. मीडिया का यथार्थ, डॉ. रतन कुमार पाण्डेय, पृ. 17, वाणी प्रकाशन, नई दिल्ली–2008।
2. संस्कृति विकास और संचार क्रांति, पूरनचंद्र जोशी, अनु. सुनील कुमार सिंह, पृ. 18, ग्रंथ शिल्पी, दिल्ली–2001।
3. पूँजीवाद और सूचना का युग, रॉबर्ट डब्ल्यू. मैक्चेनी, इलेन मिक्सिन्स वुड, जॉन बेलेनी फॉस्टर, अनु. राजेंद्र भार्मा, पृ. 226, ग्रंथ शिल्पी, दिल्ली–2006।
4. मीडिया के सामाजिक सरोकार, कालूराम परिहार, पृ. 41, अनामिका पब्लिशर्स एवं डिस्ट्रीब्यूटर्स (प्रा.) लि., नई दिल्ली–2008।
5. समाचार बाजार की नैतिकता, कुमुद शर्मा, पृ. 31, सामयिक बुक्स, नई दिल्ली–2009।

6. पूँजीवाद और सूचना का युग, रॉबर्ट डब्ल्यू. मैक्चेनी, इलेन मिक्सिन्स वुड, जॉन बेलेनी फॉस्टर, अनु. राजेंद्र भार्मा, पृ. 227, ग्रंथ शिल्पी, दिल्ली–2006।
7. समाचार बाजार की नैतिकता, कुमुद शर्मा, पृ. 32, सामयिक बुक्स, नई दिल्ली–2009।
8. http:èkèkwww.pravakta.comèkarchivesèk24920
9. समाचार बाजार की नैतिकता, कुमुद शर्मा, पृ. 35, सामयिक बुक्स, नई दिल्ली–2009।
10. मीडिया और जन संवाद, वर्तिका नन्दा, उदय सहाय, पृ. 30, सामयिक प्रकाशन, नई दिल्ली–2009।
11. संस्कृति विकास और संचार क्रांति, पूरनचंद्र जोशी, अनु. सुनील कुमार सिंह, पृ. 20, ग्रंथ शिल्पी, दिल्ली–2001।
12. http:èkèkblogs.livehindustan.comèkpyaali-me-tufaanèk2011èk07èk25
13. युद्ध ग्लोबल संस्कृति और मीडिया, जगदीश्वर चतुर्वेदी, पृ. 398, अनामिका पब्लिशर्स एवं डिस्ट्रीब्यूटर्स (प्रा.) लि., नई दिल्ली–2005.
14. http:èkèkwww.mediakhabar.comèktelevisionèk news-channelèk2648-prabhu-chawla-tikhi-baat-on-ibn7.html
15. http:èkèkrajnama.comèk?p=511
16. http:èkèkwww.pravakta.comèkarchivesèk24920

14

सिनेमा और समाज का अंतर्संबंध

धीरेन्द्र कुमार राय

सिनेमा एक लोकप्रिय जनसंचार माध्यम है। छायांकन पद्धति के आविष्कार ने जनसंचार के क्षेत्र में सबसे बड़ी क्रांति सिनेमा को जन्म दिया। सिनेमा हमारे सामाजिक व्यवहार का एक अपरिहार्य अंग है। साहित्य की तरह सिनेमा भी अपनी ऊर्जा समाज से प्राप्त करता है। इसलिए सिनेमा पर विचार करते हुए समाज के साथ उसके संबंधों पर विचार करना जरूरी हो जाता है। आज हम जिस समाज में जी रहें हैं उसकी पहचान किस रूप में करते हैं यह इस बात पर निर्भर करता है कि दुनिया को देखने का हमारा नज़रिया क्या है। सिनेमा का उद्देश्य चाहे मनोरंजन हो या व्यवसाय या फिर कला के उत्कर्ष कि अभिव्यक्ति लेकिन उसमें अपने दौर का समाज किसी न किसी रूप में व्यक्त हुए बिना नहीं रह सकता।

सिनेमा समाज का ही एक आईना होता है। सिनेमा बुनियादी रूप से समाज से अलग नहीं होता। समाज का प्रत्यक्ष या परोक्ष प्रभाव सिनेमा पर पड़ता ही है। कभी फिल्मों के जरिये समाज में बदलाव आए हैं तो कभी सामाजिक बदलावों ने फिल्मों को बदला है। समय के साथ बदलाव होते रहे हैं। सिनेमा की अपनी एक जबान होती है, अपना एक शास्त्र होता है और कहानी से लेकर पूरे निर्माण से भागे दर्शकों के समक्ष प्रस्तुतिकरण तक वह सामाजिकता का निर्वहन करती है। सिनेमा में संवादों–गीतों की भाषा

चाहे जो भी हो वह अपनी संवेदना से ही विशाल जनसमूह तक संप्रेषित होने की क्षमता रखती है। सिनेमा एक दृश्य–श्रव्य माध्यम है। सिनेमा में भाषा का महत्व चाहे जो भी हो लेकिन उसका प्रमुख माध्यम दृश्य है जिसमें एक सार्वजनिक अपील छिपी होती है। दृश्यों में निहित प्रतिनिधिकताओं का संबंध उन मानव अनुभूतियों से होता है जिसको समझना किसी भी भाषाई, जातीय, और क्षेत्रीय समुदायों के लिए कठिन नहीं होता। यही वजह था कि केवल दृश्य माध्यम होने के बावजूद भी मूक फिल्में दर्शकों तक सहज ही संप्रेषित होती थीं।

आज हम जो सिनेमा देखते हैं वह कोई चमत्कार या क्रांतिकारी परिवर्तन नहीं है बल्कि सिनेमा की सोच एक लंबे वैज्ञानिक आविष्कार का नतीजा है। "पिछले डेढ़ सौ वर्षों में इस समाज सभ्यता तथा संस्कृति के साथ कई चीज़ें जुड़ी हैं। इन नई चीज़ों मे समाज, संस्कृति तथा सभ्यता को गहराई से प्रभावित करने वाले दुनिया के सर्वाधिक बड़े और अनूठे कला माध्यम सिनेमा का जुड़ना काफी महत्वपूर्ण रहा है।"[1]

भारतीय सिनेमा की शुरुआत मूक फिल्मों से हुई थी। उस समय जो सामग्री थी वो मुख्य रूप से नाटक या पौराणिक किस्से–कहानियाँ थीं। फलस्वरूप उन्ही विषयों को सिनेमा का विषय बनाया गया। लेकिन मूक फिल्मों के दौरान भी ऐसी फिल्में बनने लगी थीं जिनमें सामाजिक सवालों को केंद्र में रखा गया था। 1925 में बनी 'सावकारी पाश' इसी तरह कि एक महत्वपूर्ण फिल्म थी। इसमें साहुकारों के शोषण को कथा का आधार बनाया गया था।

14 मार्च 1931 को मुंबई के मैजेस्टिक सिनेमा हाल में 'आलमआरा'के प्रदर्शन के साथ ही सवाक फिल्मों का दौर शुरू हुआ। अपने शुरुआती दौर के दो तीन वर्षों के भीतर ही सवाक फिल्मों ने पर्याप्त दक्षता अर्जित कर ली। जनमाध्यम के प्रबल माध्यम के रूप में फिल्मों का आविर्भाव 40 के दशक में हुआ। यद्यपि 1940 के पहले भी सामाजिक बिद्रूपताओं पर व्यंग करने वाली फिल्में बनी। सऩ 1932 में देवकी कुमार बोस द्वारा निर्देशित बांग्ला फिल्म 'चंडीदास' प्रदर्शित हुई थी। यह फिल्म सदियों से चलीं आ रही ब्राह्मण वर्ग की अतिरूढ़िवादिता एवं मनमानी के प्रवृत्ति का प्रतिवाद करती है। 1936 में छुआछूत की समस्या पर बनी बाम्बे टाकीज की फिल्म 'अछूत कन्या' भी इनमें से एक थी। फिल्म का संदेश यह था कि जन्म से ना कोई बड़ा होता है

और ना कोई छोटा। गांधी के हरिजनोद्धार से प्रेरित यह फिल्म गांधी के सोच से आगे तक जाती थी। उनका अधिक जोर छुआछूत मुक्ति और मंदिरों में हरिजनों के प्रवेश तक ही सीमित था लेकिन यह फिल्म सवर्ण और अवर्ण जातियों के बीच विवाह संबंधों का भी समर्थन करती है। उन दिनों इसान को उसकी जाति और धर्म के कारण अछूत मानना समाज में व्याप्त परम्परागत रूढ़िवादी चलन और मान्यताओं में सबसे भयावह था। इसी दौरान व्ही शांताराम ने 1934 में बली प्रथा को केंद्र में रखकर फिल्म 'अमृत मंथन' बनाई तो 1935 में फिल्म 'धर्मात्मा' के जरिये समाज मे व्याप्त ब्राह्मणवाद के विरोध में अपनी आवाज बुलंद की। 1936 में नारी शोषण और उनके अधिकारों पर आधारित फिल्म 'अमर ज्योति' बनाई। 1967 में बेमेल विवाह की समस्या पर आधारित फिल्म 'दुनिया न माने' का निर्माण हुआ। यह फिल्म उस समय बनाई गई थी जब नारी स्वतंत्रता जैसा कोई शब्द समाज ने नहीं सुना था। इसमें स्त्री की गरिमा को बहुत खूबसरती से प्रस्तुत किया गया। जो लोग यह मानते हैं कि औरत आदमी के पैर की जूती है उनके गाल पर यह करारे तमाचे की तरह थी। 'दुनिया न माने' की सफलता के बाद व्ही शांताराम ने 1969 में वेश्या उत्थान पर आधारित फिल्म 'आदमी' का निर्माण किया। इसी तरह 1940 में महबूब खान ने साहूकारों द्वारा शोषित हो रहे ग्रामीण किसान तथा समाज में औरतों कि दयनीय दशा पर केंद्रित फिल्म 'औरत' बनाई।

"सामाजिक और राष्ट्रीय भावनाओं को देखने और पर्दे पर उतारने का व्ही शांताराम और महबूब खान का अंदाज एकदम अलग था लेकिन दर्शकों ने इन दोनों की फिल्मों को खूब पसंद किया।"[२] शांताराम का सिनेमा मनोरंजन के पहले सामाजिक परिवर्तन का अस्त्र है। उनकी फिल्में समाज को प्रेरणा देने के साथ–साथ नए जीवन को समझने की दृष्टि भी प्रदान करती है।

40 का दशक काफी उथल–पुथल का दशक रहा है। द्वितीय विश्वयुद्ध की त्रासदी का पूरे विश्व पर गहरा असर पड़ा। तत्कालीन ब्रिटिश साम्राज्यवादी जड़ें भी कमजोर होने लगी थीं। स्वतंत्रता आंदोलन भी रफ्तार पकड़ चुका था। 1943–1944 में बंगाल में भीषण अकाल से लाखों की जानें गई, हजारों घर से बेघर हो गए। भारत बँटवारे में सांप्रदायिक दंगे और खूनी खेल भी हुए। द्वितीय विश्वयुद्ध से भारतीय हिन्दी सिनेमा का कथ्य और प्रस्तुतीकरण भी बदला।

1941 में व्ही शांताराम ने सांप्रदायिक सद्भाव पर आधारित 'पड़ोसी' तो सोहराब मोदी ने राष्ट्रीय प्रेम भावना पर आधारित फिल्म 'सिकंदर'का निर्माण किया। 1942 में तत्कालीन सामाजिक व्यवस्था और वर्ग संघर्ष को केंद्र में रखकर महबूब खान ने फिल्म 'रोटी' तो पीसी बरूआ ने 'जवाब' बनाई। इसी वर्ष बेरोजगार युवाओं के आपराधिक समस्या पर ज्ञान मुखर्जी निर्देशित फिल्म 'किस्मत' बनी। यह भारतीय हिन्दी सिनेमा के इतिहास में पहली सुपरहिट फिल्म थी जो कलकत्ता के एक थियेटर में लगातार तीन वर्षों तक चली। इस फिल्म का एक गीत 'दूर हटो ए दुनिया वालों कृ.कृकृने उस जमाने में क्रांति ला दी। इस दौरान विभिन्न सामाजिक सुधार और राष्ट्रीय भावनाओं पर आधारित कुछ महत्वपूर्ण फिल्में बनी।

1946 में बंगाल में आए भीषण अकाल की पृष्ठभूमि को केंद्र में रख किसानों के दर्द और पलायन पर आधारित फिल्म 'धरती के लाल' बनी। अकाल और युद्ध की विभीषिका के बीच कृषकों की दुर्दशा और उनके पलायन के दर्द को बयाँ करती .इस फिल्म ने लोगों के ह्रदय पर गहरा असर डाला। 1949 में तत्कालीन सोवियत संघ में दिखाई जाने वाली यह पहली भारतीय फिल्म थी। इसी वर्ष रूसी साहित्यकार मैक्सिम गोर्की की कथा 'द लोवर देप्थ्स' पर आधारित चेतन आनंद निर्देशित फिल्म 'नीचा नगर' आयी। इसमें धनाढ्य वर्ग और गरीब तबके की जीवन शैली और नैतिकता के विरोधाभास को चित्रित किया गया था। 1947 में मुस्लिम समाज की समस्याएँ और वर्ग संघर्ष पर आधारित महबूब खान निर्देशित फिल्म 'ऐलान' आयी थी।

"15 अगस्त 1947 को देश आजाद हुआ स्वतंत्र भारत ने अपने भविष्य के सुनहरे सपनों के ताने–बाने बुननें शुरू कर दिये थे। समय के बदलते तेवरों के साथ–साथ सामाजिक रूढ़िवादी विचारों, रहन–सहन और राष्ट्रीय स्तर पर युवाओं की बदलती सोच की झलक बाद की फिल्मों पर दिखाई देने लगी थी।"[३] देश के विभाजन का असर फिल्म उद्योग पर भी पड़ा। 60 में से 4 स्टूडियो पाकिस्तान चले गए। 230 सिनेमा हाल पाकिस्तान और 2202 भारत में रहे। कलाकार तकनीकीकर्मी भी इधर–उधर हुए। बावजूद इसके भारतीय फिल्मों की रफ्तार नहीं रुकी।

1951 में बी आर चोपड़ा ने अपनी पहली फिल्म 'अफसाना' बनाई। अमीर और गरीब दो परिवारों के जरिए फिल्म में स्वतंत्रता के बाद तेजी से

भौतिकवादी बनते हुए सामाजिक परिवेश के अंतःर्कलह को दर्शाया गया। 1951 में राजकपूर ने 'बरसात' की सफलता के बाद 'आवारा' बनाई। सामंतवादी संस्कारों की जकड़न और रूढ़ कानूनी तथा समाज व्यवस्था और आम आदमी के विद्रोह का यह मेलोड्रामा सिर्फ नवस्वतन्त्र की मानसिकता ने ही आत्मसात् नहीं किया अपितु सोवियत रूस, अफ्रीका, और अरब राष्ट्रों में भी इसका स्वागत किसी स्थानीय फिल्म की तरह हुआ। इसी दौरान 1952 में ऐतिहासिक पश्भठभूमि पर बनी मशहूर फिल्म 'आन' बनी जो आजाद भारत की पहली रंगीन फिल्म थी जिसे विदेशो में भी रिलीज किया गया। 1953 में बनी हिन्दी फिल्मों मे एक ओर अनारकाली और झाँसी की रानी जैसी ऐतिहासिक फिल्में देखने को मिली वहीं दूसरी ओर तत्कालीन भारतीय समाज में चरमराती अर्थव्यवस्था और रोजगार के लिए महानगरों मे पलायन करती जिंदगी की त्रासदी पर आधारित एक संवेदनशील फिल्म 'दो बीघा जमीन' भी देखने को मिलती है। इस फिल्म से यह स्पस्ट हुआ कि पूँजीवादी सभ्यता हमारे बाह्य संसाधनों को ही नहीं, आत्मिक शक्ति को भी चकनाचूर करती करती है। इस कड़ी को और मजबूती प्रदान की महान फिल्मकार सत्यजित राय ने। 1954 मे 'पथेर पांचाली' के साथ ही उन्होने सिनेमा को एक नई दृष्टि प्रदान की। भारतीय समाज में व्याप्त कुरितियों एवं जड़ता को उन्होंने अपनी फिल्मों मे बहुत ही सूक्ष्मता से पर्दे पर उकेरा है। इसको आगे बढ़ाने का कम किया बसु चटर्जी का सारा आकाश, मनी कौल की उसकी रोटी, श्याम बेनेगल की मंथन, अंकुर, निशांत, एम एस संधू की 'गर्म हवा' इत्यादि फिल्मों ने। इन फिल्मों ने भारतीय समाज मे निहित जटिलताओं को बखूबी पर्दे पर चित्रित किया। इस दौर की अधिकतर फिल्मों ने दलितों के सवाल को व्यापक परिप्रेक्ष्य मे रखकर देखने की कोशिश की।

"दलित सवाल के इतने जटिल और अंतर्विरोधी पहलुओं को छूने की कोशिश इस बात का प्रमाण तो है ही कि हिन्दी के सिनेमा की प्रगतिशील धारा सामाजिक न्याय के सवाल को भी उतना ही महत्व देती रही है जितना कि समाज से जुड़े अन्य सवालों को।"[४]

इसी समय 1957 में बनी कालजयी फिल्म 'मदर इंडिया' ने सबको झकझोर दिया। देश को आजाद हुए अभी पूरे एक दशक भी नहीं हुए थे और भारतीय संस्कृति की यह अनुगूँज विश्वपटल पर छा गयी कि भारतीय

औरत अपना सबकुछ गवाँ सकती है पर अपनी आबरू पर भरी संकट के समय भी आँच नहीं आने देती। इसी वर्ष तत्कालीन भारत के सामाजिक व्यवस्था के शिकार एक बेरोजगार युवक की आंतरिक और आर्थिक बदहाली को गुरुदत्त कि फिल्म 'प्यासा' में एक अद्‌भुत प्रेम कथा के रूप में बहुत ही प्रभावशाली ढंग से प्रस्तुत किया गया।

60 से 70 के बीच तक सिनेमा पर व्यवसायिकता का प्रभाव दिखने लगा था। यह दौर मधुर संगीत का दौर था। मुगले–आजम, साहिब बीबी और गुलाम, तीसरी कसम, आदि कुछ महत्वपूर्ण फिल्में रहीं। इस दशक में एक ओर जहाँ सिनेमा का व्यावसायिक चेहरा ज्यादा उभरा वहीं यथार्थ फिल्मों को भी खूब लोकप्रियता मिली।

1970 के बाद सिनेमा के कथानक मे तेजी से परिवर्तन होने लगा था जो आने वाले दशकों में और मुखर होकर सामने आई। कर्णप्रिय संगीत से सजी साफ–सुथरी पारिवारिक मनोरंजक फिल्मों में दर्शकों की अभिरुचि बढ़ने लगी और सिनेमा भी परिवर्तित होने लगा। बॉबी, दाग, जंजीर इत्यादि फिल्में आयी। मनोज कुमार की 'उपकार' और 'रोटी कपड़ा और मकान' जैसी देशभक्ति की भावना से ओत–प्रोत फिल्मों का निर्माण हुआ। 'रोटी कपड़ा और मकान' मानवज़ीवन की बुनियादी समस्याओं पर कुठाराघात करती एक पारिवारिक फिल्म थी। 1975 में शोले जैसी हिट फिल्मे भी आयी। 78 में अपराध जगत पर आधारित फिल्म 'डान' बनी। 80 में सत्यकथा पर आधारित बी आर चोपड़ा की फिल्म 'इंसाफ का तराजू' आई। 1980 से 90 तक हिन्दी सिनमा व्यवसायिकता से पूरी तरह शराबोर हो चुका था बावजूद इसके उमरावजान, सारांश, अर्धसत्य, जैसी महत्वपूर्ण फिल्में छिटपुट आती रहीं।

बीसवीं सदी का अंतिम दशक मेलोडी की वापसी और पारिवारिक फिल्मों के लिए याद किया जाता है। मैंने प्यार किया, दिलवाले दुल्हनिया ले जायेंगे, बॉम्बे, रोजा, जैसी फिल्मों का निर्माण हुआ तो वहीं दूसरी तरफ बैंडिड क्वीन जैसी फिल्म पर्दे पर आयी। 'बैंडिड क्वीन' अपनी समग्रता में उस कटे हाथों वाली उस कलात्मक मूर्ति की तरह है जिसे आर्ट गैलरी में रख दे तो वह कला का उत्कृष्ट नमूना लगती है और खुली नलियों मे थूकने वाली जनता के बीच चौराहे पर रख दें तो उसे कपड़े से ढकने का मन होता है।'[५]

21वीं सदी का हिन्दी सिनेमा पूरी तरह परिपक्व हो चुका है। मसाला फिल्मों के साथ–साथ प्रयोगधर्मी लोग भी अपनी प्रभावशाली उपस्थिति दर्ज करा रहें हैं। यही वजह है की एक तरफ जहाँ मुख्य धारा की फिल्मों में कभी खुशी कभी गम, गदर, बंटी–बबली, जैसी फिल्में बन रही थीं तो वही दूसरी तरफ अर्थपूर्ण व्यवसायिक सिनेमा को प्रस्तुत करती फिल्म जुबैदा, चाँदनी बार, ब्लैक, लगांन, पेज थ्री, गंगाजल जैसी फिल्मों का निर्माण हुआ।

रूढ़िवादी समाज मे परिवर्तन लाने, जनचेतना को जागृत करने, तथा सामाजिक एवं सांस्कृतिक मूल्यों को स्थापित करनें में सिनेमा ने प्रमुख भूमिका अदा की है। नए दौर की फिल्मों ने भी समय–समय पर समाज में उपजी समस्याओं तथा जड़ता को बहुत ही सूक्ष्मता से पर्दे पर उमरा है। जहाँ 'फायर' मे समलैंगिकता के बहाने समकालीन समाज मे स्त्रियों की स्थिति पर सवाल उठाया गया। वही एक तरफ फिल्म वाटर के जरिये बिधवाओं की दर्द एवं जीवन गाथा को लोगों के बीच पहुँचाने की कोशिश की गई तो बागवान जैसी फिल्मों के जरिये परिवार के टूटते बिखरते मूल्यों से लोग रूबरू हुए। गाँवो का चित्रण एवं ब्रिटिश सरकार को केंद्र में रख 2001 में 'लगान' बनी। जनमानस की भावनाओं को ध्यान मे रखते हुए जहा परिवार एवं पारिवारिक मूल्यों पर आधारित विवाह जैसी फिल्मों का निर्माण निरंतर जारी रहा तो थ्री–इडियट जैसी फिल्मों के माध्यम से आधुनिक शिक्षा प्रणाली पर भी जबर्दस्त प्रहार किया गया।

यूँ तो सिनेमा शुरू से ही एक बहस का विषय रहा है। वर्गीकरण की दृष्टि से सिनेमा को दो विचारधाराओ के लोगों ने प्रभावित किया। एक वर्ग इसे मनोरंजन का माध्यम मानता है तो दूसरा वर्ग इसे कला एवं समाज के लिए संदेश देने का सबसे सशक्त माध्यम मानता है। 'फिल्म की कोई भी कथा चाहे वह कितनी भी काल्पनिक क्यो न प्रतीत होती हो उसकी पृष्ठभूमि में एक वास्तविक समाज और मनुष्यों के वास्तविक रिश्ते होते हैं।'[६]

फिल्मों का उद्देश्य भले ही हमेशा मनोरंजन रहा है लेकिन समसामायिकी, सामाजिक एवं राजनीतिक प्रभाव भी फिल्मों में अभिव्यक्त होते रहें हैं।

सिनेमा एक दृश्य माध्यम है। जब हम फिल्म को पर्दे पर देखते हैं तो जीवन हमें ठीक वैसा ही नज़र आता है जैसा की हम जीते हैं। फिल्मों की

'परसुएसिव' क्षमता बहुत जबर्दस्त होती है। फिल्में सहज ही समाज को अपने दृष्टिकोण से, अपने अभिमत से, अपने तर्क से, अपनी प्रस्तुति से अपने पक्ष मे करने की क्षमता रखती है। वे समाज और दर्शकों को गहराई से प्रभावित करती है। फिल्म निर्माण पूरी तरह समाज से जुड़ा है और चूंकि समाज से जब उसका अंतरसंबंध है, तो फिल्मों की जिम्मेदारी बनती है कि वे सकारात्मक सोच व प्रेरणा समाज को प्रदान करे।

वास्तव में हम अगर 30 से 50वें दशक तक की फिल्मों पर गौर करें तो यह प्रतीत होता है कि फिल्म के निर्माता निर्देशक बड़ी ही सहजता से सामाजिक दायित्व का निर्वाह करते थे। किन्तु बदले समय व बदलते मूल्यों के साथ इसमें काफी गिरावट आई है और आज हालात नियंत्रण से बाहर है।

कोई भी फिल्म व्यावसायिक पक्ष की उपेक्षा करके नहीं बनाई जा सकती। व्यवसायिकता के इस पहलू से यह जाहिर है कि फिल्म निर्माण में पूँजी की बहुत बड़ी भूमिका है और किसी भी फिल्म की भारी असफलता का मतलब है, फिल्म निर्माता के लिए ऐसा जोखिम जो उसे फिल्म की दुनिया से ही बाहर कर सकती है। निश्चित ही हमें अपना मनोरंजन करना चाहिए लेकिन यह मनोरंजन साथ ही साथ हमें जागरूक बनाए और सही दिशा प्रदान करे, जो एक बेहतर समाज के निर्माण में सहायक हो।

संदर्भ सूची

1. भारतीय सिनेमा की एक अनंत यात्रा, प्रसून सिन्हा, नटराज प्रकाशन, दिल्ली, 2006, पृ. सं –91।
2. सिनेमा के सौ बरस (सं), मृत्युंजय, शिल्पायन, दिल्ली, 2008, पृ. सं –28। वही, पृ. सं –96।
3. लोकप्रिय सिनेमा और सामाजिक यथार्थ रूजवरीमल्ल पारख, अनामिका पब्लिशर्स, नई दिल्ली, 2001, पृ. सं 125।
4. बसुधा हिन्दी सिनेमा अंक, पृ. सं दृ ४५३।
5. हिन्दी सिनेमा का समाजशास्त्र रूजवरीमल्ल पारख, ग्रंथ शिल्पी, दिल्ली, 2006, पृ. सं दृ 34।

15

संप्रेषण माध्यम के रूप में लोक–कलाएँ – एक विश्लेषणात्मक अध्ययन

राजेश कुमार सैनी

शेक्सपीयर ने कहा, "दुनिया एक रंगमंच है, यहाँ हर कोई अपनी भूमिका निभाता है और चला जाता है।" शेक्सपीयर की यह युक्ति जीवन और व्यक्ति के बारे में है, लेकिन रंगमंच पर जितनी देर कलाकार रहता है, रंगमंच जीवन्त हो उठता है। अभिनेता अपने अभिनय की पराकाष्ठा पर पहुँचकर दर्शकों की मनोभावनाओं को उद्वेलित करता है।

भारत में नाट्य परम्परा की शुरूआत वैदिककाल से मानी जाती है। थियेटर जिसे हिन्दी में रंगमंच कहा जाता है, संचार के प्राचीनतम साधनों में से एक है। लोक–कलाएँ हमारे देश के लिये संप्रेषण का प्रभावी माध्यम रही हैं। लोक–कलाएँ अज्ञात काल से हमारी संस्कृति में एक संप्रेषण माध्यम के रूप में घुली–मिली है। अतिप्राचीन काल से ही हम लोक–कलाओं का प्रयोग संचार के लिए करते रहे हैं।

थियेटर एक ऐसा माध्यम है जो बोधगम्य तरीके से जनता में अपनी बात सफलतापूर्वक पहुँचाता है। इसीलिए विशेषकर कम पढ़ी–लिखी आबादी, ग्रामीणजनों और उन सभी लोगों के बीच इसके माध्यम से संदेश पहुँचाया जाता है, जो नाट्यकला को मनोरंजन के रूप में इस्तेमाल करते हैं। भारत

सरकार का गीत एवं नाटक विभाग एक ऐसा ही विभाग है, जिसके कलाकार गाँव–गाँव में जाकर जनहित के विषयों; जैसे–स्वास्थ्य, शिक्षा, देशभक्ति और अन्य सामाजिक कुरीतियों पर आधारित नाटकों का मंचन करते हैं।

भारतीय संदर्भ में हमारी धरती भी परम्परागत नाट्य कला अथवा ग्रामीण रंगमंच के मामले में काफी समृद्ध है। रामायण हमारे परम्परागत थियेटर का प्राचीनतम रूप है। भारतीय नाट्य कला की जड़ें भारत में मौजूद हैं, लेकिन इस दिशा में महत्वपूर्ण विकास संस्कृत नाटककारों जैसे भरतमुनि, भवभूति और कालिदास के कार्यों से माना जाता है। भरतमुनि जिन्हें भारतीय नाटक का जनक कहा जाता है। भरतमुनि ने भारतीय नाट्य कला को इसकी असीम संप्रेषण शक्ति के कारण इसे पंचम् वेद की संज्ञा दी। उनके नाट्यशास्त्र को भारतीय नाटक की उत्पत्ति माना जाता है। पन्द्रहवीं शताब्दी तक संस्कृत नाटक देश के विभिन्न भागों में लोकप्रिय थे, लेकिन धीरे–धीरे परम्परागत अथवा लोकनाट्य की शुरूआत हुई जो संस्कृति का एक अभिन्न अंग बन गया।

मौजूदा दौर को इलेक्ट्रॉनिक मीडिया का दौर कहा जाता है। मगर बढ़ती लोकप्रियता के बावजूद इलेक्ट्रॉनिक मीडिया किसी भी तरह परंपरागत माध्यम अर्थात् लोक–कलाओं का विकल्प नहीं बन सकता। भारत जैसे सांस्कृतिक रूप से समृद्ध देश में इन लोककलाओं का महत्व और अधिक बढ़ जाता है। आज न केवल ग्रामीण, बल्कि शहरी क्षेत्रों में भी इलेक्ट्रॉनिक माध्यम निर्धन वर्ग की पहुँच से बाहर है। एक सच्चाई यह भी है कि मुद्रित माध्यम का अशिक्षित जनता के लिए कोई औचित्य नहीं है। ऐसे में यदि कोई माध्यम ग्रामीण क्षेत्रों में संप्रेषण हेतु कारगर हो सकता है तो वह है परंपरागत माध्यम या लोक–कलाएँ। लोक–कलाएँ सदियों से हमारी सभ्यता संस्कृति का अभिन्न अंग रही है। अतः इन कलाओं में सीधे दिल को छू लेने की क्षमता होती है।

अनेक स्वैच्छिक संगठन भी अपने–अपने तरीके से इन विधाओं का प्रयोग विकास संदेश लोगों तक पहुँचाने के लिये करते रहे हैं। राष्ट्रीय विज्ञान व प्रौद्योगिकी संचार परिषद, विज्ञान व प्रौद्योगिकी विभाग, भारत सरकार ने इसे लोकप्रिय बनाने के लिये कठपुतली नाट्य कला का प्रयोग शुरू किया है। राष्ट्रीय साक्षरता मिशन के लिये जनता को शिक्षा के मुद्दे पर जागरूक करने

हेतु परम्परागत कलाओं का प्रयोग किया जा रहा है। सूचना एवं प्रसारण मंत्रालय के दो विभाग–क्षेत्रीय प्रचार निदेशालय तथा गीत व नाटक प्रभाग भी जनकल्याण, विकास व सरकारी नीतियों के प्रचार–प्रसार के लिये मुख्य रूप से लोक–कलाओं का प्रयोग करते हैं। कठपुतली, नौटंकी, लोकगीत, नाटक, नुक्कड़ नाटक आदि माध्यमों द्वारा संदेश सरलता से जनता तक पहुँच जाते हैं।

लोक–कलाओं के विषय में भारत सबसे आगे हैं। भारत की लोक–कलाएँ भारत की समृद्ध संस्कृति का अभिन्न अंग हैं, जोकि विभिन्न राज्यों की अपनी शैलियों में होतीं है; जैसे–उत्तर प्रदेश की रामलीला, रासलीला एवं नौटंकी, कर्नाटक का यक्षगान, केरल का कथकलि, बंगाल की जात्रा, मध्य प्रदेश का माच, महाराष्ट्र का तमाशा, गुजरात का भवाई, कश्मीर का जश्न, बिहार का विदेसिया, असम का अंकिया नाट, छत्तीसगढ़ का नाचा आदि हैं।

लोक–कलाओं को जनसंप्रेषण का माध्यम बनाने के लिए अत्याधुनिक उपकरण मौजूद हैं, जिनके माध्यम से हम एक बड़े जनसमूह तक इन लोक–कलाओं को पहुँचा सकते हैं। रेडियो, टेलीविजन और लाडस्पीकर ऐसे ही माध्यम हैं, जिनका समावेश लोक–कलाओं में किया जा रहा है। इसीलिए लोक–कलाओं को जनसंप्रेषण का माध्यम भी कहा जाता है। गाँवों के देश भारत में लोक–कलाओं का महत्त्व कभी कम नहीं हो सकता। विकास संदेश को जनता तक पहुँचाने के लिए परंपरागत लोक–कलाओं/विधाओं के प्रयोग की अवधारणा सर्वप्रथम फिलिप कोटलर और जेराल्ड ज़ाल्टमैन ने वर्ष 1971 में प्रस्तुत की। लंदन में वर्ष 1972 में यूनेस्को तथा मैकब्राइड आयोग के अधिवेशन में भी लोक–कलाओं के महत्त्व को उजागर किया गया। मैकब्राइड कमीशन ने इन कलाओं को ग्रामीण क्षेत्रों में सामाजिक परिवर्तन के उत्प्रेरक के रूप में इस्तेमाल करने की वकालत की। लोक–कलाओं का पुनरुत्थान मैकब्राइड आयोग की एक महत्त्वपूर्ण पहल थी।

निर्धनता, अशिक्षा व सांस्कृतिक–भाषाई विविधता के मौजूदा परिप्रेक्ष्य में हमें वर्ष 2015 तक शताब्दी विकास लक्ष्य यानी मिलेनियम डेवलपमेन्ट गोल्स के उद्देश्यों को पूरा करना है तो निश्चित ही हमें अपनी संप्रेषण नीतियों व विधियों में परिवर्तन की आवश्यकता है। स्थानीय बोली, स्थानीय संस्कृति,

स्थानीय मुद्दा व स्थानीय धरातल इन सबका सामंजस्य केवल लोक कलाओं में ही संभव है। इन विधाओं के अनूठेपन व प्रभावकारी संदेश देने की क्षमता के कारण आज इनके पुनरुत्थान की आवश्यकता है।

16

प्रजातंत्र में खोजी पत्रकारिता

डॉ. आचार्य त्रिगुणातीत जैमिनि

स्वतंत्र भारत के इतिहास में 1947 से 1967 तक भारतीय मीडिया पर अंगरेजी भाषाई प्रेस के पाँच अख़बारों का कब्जा था। उनमें सबसे ऊपर नाम था टाइम्स ऑफ इंडिया का। टाइम्स की शुरूआत मुंबई (तत्कालीन बंबई) से हुयी थी लेकिन उसने बाद में दिल्ली से भी संस्करण निकाल दिया था। उससे कुछ नीचे नंबर आया था दिल्ली स्थित बिरला समूह के अख़बार 'हिन्दुस्तान टाइम्स' का और फिर रामनाथ गोयनका की तेजी से बढ़ती हुई 'इंडियन एक्सप्रेस' समाचार श्रृंखला के संस्करणों का 1 पूर्व में दबदबा था 'स्टेट्समैन' का और दक्षिण में हिन्दू का पूर्ण एकाधिकार था।

ये अख़बार खुद को सरकार का सहभागी मानते थे। इनका उद्देश्य अन्याय के पर्दाफाष जैसा कोई भौंड़ा काम करने का नहीं (खोजी पत्रकारिता जैसे मुहावरे तब तक नहीं बने थे) बल्कि उपने पाठकों तक खबर पहुँचाने का और सही फैसले लेने में सरकार की मदद करने का था। उस समय सभी संपादकीय लेखक स्वयं को सही मायनें में महत्वपूर्ण चीज़ों में मसरूफ रखते थे (जैसे हमें चीन से कैसे निपटना चाहिए ? क्या प्रधानमंत्री ने कृष्णा मेनन को बुलाकर ठीक किया? इत्यादि) शायद ही कभी वे अपने केविन से निकलकर समाचार कक्ष या न्यूज रूम तक आते थे। और ख़बर तो नए–नए रिपोर्टरों

का ही इलाका था। संपादकीय लेखों को तो वैसे भी सरकार को सलाह देने से फुरसत नहीं थी।

इन अख़बारों ने कुछ जबरदस्त लोग जरूर पैदा किये; जैसे–फ्रैंक मारेस जिन्होंने ऑक्सफोर्ड के ही दूसरे उत्पाद दोसू कराका भी थे। फिर श्री मुलगाँवकर, जिनके दिमाग की धार उस्तरे से भी तेज मानी जाती थी। ऐसा ही एक और नाम एन० जे० नानपोरिया का भी है। आजादी के 21 साल बाद 1968 के आसपास कुछ परिवर्तन की सुगबुगाहट शुरू हुई। 1968 में ही पत्रकारों को इस बात का एहसास होने लगा था कि उनके और सरकार के बीच के रिश्ते बदलने चाहिए। चार साल पहले पंडित जी का देहांत हो चुका था लेकिन महत्वपूर्ण संपादकों के विभिन्न राज्यों में मौजूद कांग्रेसी नेताओं से संबंध विकसित हो चुके थे। यह व्यवस्था इंदिरा गांधी के शाही तौर – तरीकों से चरमराने लगी थी। उनके पास शब्दों के इन जादूगरों के लिए बिलकुल समय नहीं था गरीबी पिछड़ेपन, अज्ञान, बीमारियों और अंधविश्वास से लड़ रहे भारत जैसे देश में प्रेस की स्वतंत्रता के लिए कितनी जगह होनी चाहिए? यह प्रश्न इंदिरा जी ने एक बार पूछा और फिर इसका उत्तर खुद ही यह स्पष्ट करते हुए दे दिया कि प्रेस की स्वतंत्रता जितनी कम हो उतना ही अच्छा। फिर भी 1969 तक, जब श्रीमती गांधी ने पार्टी का विभाजन कर सिंडीकेट कांग्रेसजनों से अपना नाता तोड़ लिया था, मुखालफत जैसी कोई बात नहीं उभरी।

जब श्रीमती गांधी ने बैंकों का राष्ट्रीयकरण कर डाला संजीव रेड्डी को हरवा दिया और राजों– रजवाड़ों की मान्यता रद्द करने का अध्यादेश जारी कर दिया। इस हमले की अगुआई इंडियन एक्सप्रेस के तत्कालीन संपादक फैंक मॉरेस ने की। अन्य संपादक भी आलोचक बन गए। इलेस्ट्रेट वीकली के संपादक खुशवंत सिंह ने श्रीमती गांधी के वामपंथी लोकप्रियतावाद का मखौल उड़ाते हुए उन्हे देश की बरवादी की राह पर ले जाने का जिम्मेदार ठहराया। दैनिक अखबारों ने तो भारतीय जनमत संस्थान द्वारा आयोजित एक चुनाव–पूर्व सर्वेक्षण भी कराया, जिसमें कांग्रेस के चुनाव हारने की भविष्यवाणी की गई थी।

श्रीमती गांधी चुनाव जीत गईं। उसी साल सर्दियों में वह पाकिस्तान से एक युद्ध में भी विजयी रहीं। इसके बाद कई संपादकों ने अपना सुर बदला,

लेकिन इंदिराजी ने उन्हे कभी माफ नहीं किया। वह अपने कार्यकाल के आलोचकों से निर्दयता के साथ पेश आईं कि उन्होंने तथाकथित मुक्तिवाहिनी में सिखों को देखा था। वह शायद सही भी थे। किसी ने भी कोई शक जाहिर नहीं किया क्योकि अधिकांश बांग्लादेषी गुरिल्ला भारतीय सैनिक ही थे। लेकिन इस बात का प्रेस द्वारा रेखांकित किया जाना श्रीमती गांधी को मंजूर नही था। कराका को उस समय लागू बाहरी आपातकाल के प्रावधानों के तहत गिरफ्तार कर लिया गया। वह पाँच दिन जेल में रहे। मीडिया के उनके दोस्तों में से बहुत कम लोगों ने इस घटना के प्रति अपना विरोध दर्ज कराया। बहरहाल कराका के हमले जारी रहे। इस तकलीफदेह पारसी से परेषान होकर इंदिरा गांधी ने रजनी पटेल और उमाशंकर दीक्षित को करंट खरीद लेने के निर्देश दिए। कराका को आखिर तक पता नहीं चला कि वह अपना अख़बार कांग्रेस को बेच रहे थे। किस्सा तो यह है कि एक दिन खादी धारियों के एक जत्थे ने करंट के दफ़्तर में धुसकर ऐलान कर दिया कि अब वे इस अख़बार के नए मालिक हैं।

इसके बाद इंदिरा जी ने अपना ध्यान एक वक्त के अपने करीबी लोगों से निपटने में लगाया। बी०जी० वर्गीस कभी उनके प्रेस सलाहकार रहे थे। 1969 में वह हिंदुस्तान टाईम्स के संपादक हो गए थे। जैसे–जैसे समय बीतता गया वर्गीस श्रीमती गांधी के मुखर आलोचक होते चले गए। उन्होंने लिखा कि श्रीमती गांधी द्वारा सिक्किम को हथियाना बिलकुल उचित नहीं था। वह तो हद थी। बिरला के कान में कुछ सही शब्द फुसफुसाए गए और वर्गीस बेरोजगार हो गए।

प्रेस को एक आघात और पहुँचा। अपने सूचना और प्रसारण मंत्री इंदर कुमार गुजराल की मदद से इंदिरा गांधी ने आकाशवाणी को समाचारों का सर्वाधिक महत्वपूर्ण स्रोत बना दिया फिर उन्होंने उसे अपने राजनीतिक लाभ के लिए इस्तेमाल किया। अतः 1969 के कांग्रेस विभाजन के दौरान अधिकांश भारत का विश्वास था कि संत छवि की इंदिरा गांधी के पीछे कुछ भ्रष्ट बुढ़े लोग पड़े हुए हैं। प्रेस की दृष्टि में सही या गलत था उससे उन्हे कोई सरोकार नहीं था। फिर भी पत्रकारों की हालत के काफी बुरे होने की बात पर यकीन करने में काफी समय लगा। आखिरकार यह भारत था यदि इंदर कुमार

गुजराल गोयबेल्स थे तो उनके बाद उस कुर्सी पर आने वाले वी०सी० शुक्ला साक्षात हिटलर थे। बाद में लालकृष्ण आडवाणी ने एक जगह टिप्पणी दी कि प्रेस को झुकने को कहा गया तो वह रेंगने लगा था। बहरहाल जुलाई 1975 और जनवंरी 1977 के बीच पुलिस ने 34 प्रिंटिग प्रेस बंद करवाए और 7 हजार लोगों को गुप्त साहित्य के निर्माण और विवरण के आरोप में बंद किया।

आपातकाल के काले अध्याय के बारे में काफी कुछ लिखा जा चुका है। फिर भी इतना जरूर कहा जा सकता है कि आपातकाल की वजह से एक मामले में जरूर दीर्घकालीन परिवर्तन आया और यह मामला है प्रेस का।

वह आपातकाल ही था जिसमें एक सामान्य भावना यह उपजी कि बड़े–बड़े दैनिकों ने अपनी भूमिका ठीक से नहीं निभाई। इसके बाद इन दैनिकों के पाठकों के दिमाग में इनकी पुरानी छवि फिर कभी नहीं बन पाई।

दूसरे आपातकाल ने एक नई किस्म की खबरों की भूख पैदा कर दीं इन खबरों की जो सरकारी बयानों को चीरकर उनके पीछे यह देखती थी कि वस्तुतः हो क़्या रहा है। यानि कि खोजी पत्रकारिता या इन्वेस्टीगेटिव रिपोर्टिंगं तीसरे जब आपातकाल के बाद अखबारों का पतन हुआ तो समाचार पत्रिकाओं की एक नई पौध पैदा हुई, जिन्होंने दैनिक अख़बारों के शून्य को भरा। आगे इन संपादकीय लेखकों का इन 18 महीनों में जो कद घटा, उसे वे दोबारा कभी प्राप्त नहीं कर पाए। हाँ इसी बिंदु पर पत्रकारिता के क्षितिज पर कुछ नए सितारों का उदय हुआ। संडे और इंडिया टुडे का जन्म इन्ही दिनों हुआ। दोनों पत्रिकाएँ चल निकली। खास तौर पर संडे में तो मानवाधिकार हनन कर कर्द कथाएँ आवरण पर छपी। जनता सरकार ने माना कि अपने ही वजन के नीचे गिरकर दब गई, लेकिन तब तक पत्रकारिता की नई फसल लहलहा चुकी थी।

1 जनवरी 1979 को इंडियन एक्सप्रेस के मालिक रामनाथ गोयनका ने अरूण शौरी को अपने अखबार का कार्यकारी संपादक नियुक्त कर दिया। परंतु 1984 में इंदिरा गांधी की हत्या हो जाने की वजह से स्थितियां एक बार फिर बदल गईं। राजीव गांधी ने उनकी कुर्सी सँभाली। चूँकि एक युवा

व्यक्ति प्रधानमंत्री के पद पर बैठा था जिसकी माँ की खालिस्तानी अलगाववादियों ने हत्या कर दी थी लिहाजा पूरा देश सहानुभूति के सागर में गोते लगा रहा था। दूसरे देश को राजीव से अपार अपेक्षाएँ थीं। लिहाजा खोजी पत्रकारिता एक तरह से थमती गई। लेकिन बाद में जब राजीव गांधी का निर्णय क्षमता पर सवालिया निशान लगने लगे तब प्रेस का एक वर्ग फिर नींद से जागा, जिसका नतीजा था बोफोर्स इस बार फिर सरकार के खिलाफ हमले की अगुआई इंडियन एक्सप्रेस ने ही की थी। एक्सप्रेस की संवाददाता चित्रा सुब्रहमण्यम ने स्वीडन और जेनेवा से बोफोर्स पर खबरे भेजने का सिलसिला जारी रखा जो 14 साल बाद आज भी जारी है। हालत यहाँ तक बिगड़ गई कि 1988 में सरकार पत्रकारों के खिलाफ मानहानि विधेयक ले आई। पूरे देश में इस विधेयक की मुखालफत हुई और सरकार को इसे वापस लेना पड़ा।

बहरहाल 1989 में राजीव गांधी की कांग्रेस पार्टी राष्ट्रीय मोर्चो से चुनाव हार गई और वी०पी० सिंह प्रधानमंत्री बने। लेकिन गठबंधन के अंतर्विरोधों के कारण नई सरकार साल भर में ही गिर गई। 1991 में कांग्रेस की सरकार बनी। पी०वी० नरसिंहराव के कार्यकाल के आरंभिक दिनों मे जब आर्थिक सुधार लागू हुए और आर्थिक उदारीकरण और भुमंडलीकरण जैसे शब्द अस्तित्व में आए तो पत्रकारिता का स्वरूप ही बदल गया। धीरे– धीरे सारा का सारा एजेंडा ही आर्थिक हो गया। उपभोक्ता संस्कृति इस तरह हावी हो गई। अख़बार उपभोक्ता संस्कृति के संदेशवाहक हो गए। कहाँ पर साड़ियाँ अच्छी मिलती है या नवयुवतियाँ अपने अंतवस्त्रों की नाप कैसे लें ये खबरों के मुद्दे हो गये। बडे–बडे मीडिया पर्यवेक्षक इस बात से चकित थे। फैशन कैरियर सेहत इन्यादि उतने ही महत्वपूर्ण हो गए कि कई अख़बार इन पर विशेष परिशिष्ट निकालने लगें एक बार ऐसा लगने लगा कि खोजी पत्रकारिता कोई इतिहास की वस्तु हो गई है। लेकिन तभी 13 मार्च 2001 को एक धमाका हुआ। तहलका डॉट कॉम नाम की एक वेबसाइट या यों कहे कि एक इंटरनेट पत्रिका ने रक्षा सौदों में व्याप्त भ्रष्टाचार का ऐसा पर्दाफाश किया कि अभी तक उसका गर्दोगुवार थमा नहीं है। इस ताजातरीन पर्दाफाश ने दो पार्टी अध्यक्षों और एक मंत्री की बलि ले ली है। एक बार फिर साबित हो गया है कि खोजी पत्रकारिता बदले हुए आयामों में फिर हाजिर है।

वर्तमान समय में सूचना के अधिकार कानून के अनुसार खोजी पत्रकारिता अधिक जागरूक हुई है। अनेक राजनैतिक व आर्थिक भ्रष्टाचारों का खुलासा हुआ है। इस प्रकार भारतीय प्रजातंत्र के अंतर्गत स्वस्थ पत्रिकारिता से उसके यषस्वी स्वरूप को स्थिर बनाए रखने की अपेक्षाएँ हैं।

17

पत्रकारिता में स्रोत–संदर्भ एवं न्याय तंत्र

रत्नाम्बरा शर्मा

हमारे न्याय–तंत्र का यह नियम रहा है कि हर व्यक्ति का कर्तव्य है कि सत्य की खोज में न्यायालय की स्थापना करे। अदालत में बुलाए जाने पर प्रत्येक व्यक्ति का यह कर्तव्य है कि न्यायालय में पूछे गए उन सभी प्रश्नों का उत्तर दे, जिनका संबंध विचाराधीन बिन्दुओं से हो। इस सामान्य नियम में कुछ अपवाद किए गए हैं; जैसे–पति–पत्नी के बीच हुई बातचीत। किन्तु पत्रकारों को दी गई जानकारी के लिए कोई अपवाद कानून में नहीं है। पत्रकार को किसी प्रकार का विशेषाधिकार न्यायालय में प्राप्त नही है।

कानून और न्याय प्रणाली में पत्रकार के क्या विषेशाधिकार हैं अथवा नहीं है, इस विषय में दिल्ली हाईकोर्ट ने एक महत्वपूर्ण निर्णय 14 मई 1986 को दिया हैं। अमुक जानकारी एक पत्रकार को किसने दी, यह न्यायालय में बताने के लिए उसे मजबूर किया जा सकता है या नहीं? हाईकोर्ट ने यह निर्णय दिया है कि यदि आवश्यक हो तो न्यायालय पत्रकार को आदेश दे सकता है कि अपनी जानकारी लेते समय भले ही यह वचन दिया हो कि बताने वाले का नाम गोपनीय रखा जाएगा यह वचन पत्रकार को न्यायालय में कोई विशेषाधिकार प्रदान नहीं करता है। गोपनीयता का वचन अदालत पर बंधनकारी नहीं है। सार्वजनिक हित में अथवा न्याय के खातिर न्यायालय ऐसी

जानकारी और जानकारी देने वाले का नाम, साक्ष्य में देने के लिए पत्रकार को बाध्य कर सकता है।

दिल्ली हाईकोर्ट का फैसला किसी नए सिद्धान्त का प्रतिपादन नहीं करता है। हमारे न्याय–तंत्र का यह नियम रहा है कि हर व्यक्ति का कर्तव्य है कि न्यायालय में पूछे गए उन सभी प्रश्नों का उत्तर दें जिनका संबंध विचाराधीन बिन्दुओं से हो। इस सामान्य नियम में कुछ अपवाद किए गए हैं जैसे पति–पत्नी के बीच हुई बातचीत। किन्तु पत्रकारों को दी गई जानकारी के लिए कोई अपवाद कानून में नहीं है। पत्रकार को किसी प्रकार का विशेषाधिकार न्यायालय में प्राप्त नहीं है।

न्यायालय आदेश गोपनीयता के वचन से सर्वोपरि है। यह सिद्धान्त न केवल पत्रकारों पर लागू है अपितु कई अन्य रिश्तों पर लागू है। रोगी और डॉक्टर के संबंध की पवित्रता को देखते हुए यह सिद्धान्त स्वीकृत है कि रोगी से प्राप्त जानकारी गोपनीय रखी जाएगी। रोगी की अनुमति के बिना ऐसी जानकारी किसी तीसरे व्यक्ति को बताने वाला डॉक्टर क्षतिपूर्ति देने का जिम्मेदार होता है। किन्तु डॉक्टर का यह कर्तव्य न्यायालय से बाहर तक ही है। न्यायालय के द्वार में इसे प्रवेश नहीं मिला हैं।

इसी प्रकार सारे किसी व्यक्ति ने अपने धर्मगुरू के समक्ष अपने पाप कृत्य को स्वीकार किया है और धर्मगुरू अपने सिद्धान्तों के अनुसार इस घटना को गोपनीय रखना चाहता है तो भी न्यायालय में उसके विषय में प्रश्न पूछे जा सकते हैं।

कानून मे इस कठोर सिद्धान्त से कभी–कभी पत्रकारों को कठिनाई पैदा हो सकती है। यदि वह गोपनीयता के वचन को भंग करता है तो भविष्य में लोग उसे जानकारी देने से घबराएँगे और समाचारों के स्रोत्र सूख जाएँगे। पत्रकारों के अंतःकरण में यह नीति संहिता विराजमान है कि अपनी इस नीति–संहिता को कानूनी मान्यता नहीं दे सकता, क्योंकि साक्ष्य अधिनियम में पत्रकारों के हक में कोई अपवाद नहीं है।

दिल्ली हाईकोर्ट ने जो सिद्धान्त प्रतिपादित किया है वह आज से लगभग 50 वर्ष पहले हमारे न्यायालयों ने किया था। हितवादी के संपादक श्री कालिप्रसन्न काव्यविशारद ने अपनी पत्रिका में एक काव्य प्रकाशित किया

था। उनके खिलाफ मानहानि का मुकदमा दायर किया गया और न्यायालय को बताएं। उन्होंने काव्य की हस्तलिखित प्रति तो न्यायालय बताने के बताने के अपराध में उन्हें नौ महीने के कारावास की सजा दी गई जो उन्होंने सहर्श स्वीकार कर ली।

एक अन्य मामले में विपिन चन्द्र पाल के विरूद्ध ऐसी ही कार्यवाही की गई। उस मामले में श्री अरविन्द घोष के विरूद्ध राजद्रोह का मुकदमा था और वह श्री पाल की पत्रिका में प्रकाशित एक लेख पर आधारित था। लेखक का नाम बताने का आदेश को न मानकर उन्होंने छः महीने के कारावास की सजा भुगत लेने का निर्णय किया।

अमुक तथ्य या दस्तावेज किसी पत्रकार से तलब किया जाए या नहीं, यह प्रश्न न्यायालय के निर्णय के लिए ही है। केवल प्रेस कौंसिल अधिनियम में यह प्रबन्ध है कि किसी पत्रकार को प्रेस परिषद द्वारा यह बताने का आदेश नहीं दिया जाएगा कि अमुक समाचार कहाँ से प्राप्त हुए। समाचार देने वाले व्यक्ति का नाम पत्रकार यदि चाहे तो गोपनीय रखा जाएगा।

भारतीय विधि आयोग ने इस प्रश्न पर विचार किया था और यह सुझाव दिया था कि यदि किसी पत्रकार द्वारा यह प्रार्थना की जाती है कि वह अमुक व्यक्ति का नाम गोपनीय रखना चाहता है तो न्यायालय उस प्रार्थना पर विचार करेगा और यह निर्णय देगा कि मामले में सभी पहलुओं को ध्यान में रखते हुए क्या पत्रकार को बाध्य करना आवश्यक है। इस सुझाव पर कोई ठोस कार्यवाही नहीं की गई है।

इस विषय पर विदेशों में काफी चर्चा हुई है। इंग्लैड में 1963 से 1980 तक के वर्षों में यह बिन्दु कई मुकदमों में सामने आया और प्रतिष्ठित पत्रकारों ने गोपनीयता का व्यवसायिक कर्तव्य निभाते हुए कारावास या जुर्माने की सजा भुगत ली।

1981 के वर्ष में इंग्लैंड में न्यायालय से अपमान के सम्बन्ध में नया अधिनियम बनाया गया जिसमें पत्रकारों को कानूनी विशेषाधिकार न देते हुए भी यह प्रबन्ध किया गया है कि गोपनीयता के आधार पर पत्रकार के द्वारा की गई प्रार्थना पर न्यायालय विचार करेगा और पत्रकार को उसी दशा में

बाध्य किया जाएगा। जबकि मुकदमे के तथ्यों को अन्वेषण के लिए आदेश नितान्त आवश्यक हो।

आस्ट्रेलिया में यह प्रश्न 1940 में वहाँ की हाईकोर्ट के सामने आया था। मेकगिनेस के मामले में विश्वविख्यात न्यायाधीश डिक्सन के एक निर्णय में यह स्पष्ट किया कि कानूनी कर्तव्य सर्वोपरि हो जाता है। कुछ अपवादपूर्ण परिस्थितियों को छोड़कर (जैसे पति–पत्नी का सभाशण या वकील–मविक्किला का परामर्श) कानून का यह दृष्टिकोण रहा है कि सभी तथ्यों का प्रकाशन करे। न्याय के हित और सत्य के संशोधन को सर्वोपरि स्थान दिया गया है और गोपनीयता के सामाजिक कर्तव्य को गौण स्थान दिया गया है।

इस क्षेत्र में सबसे अधिक दिलचस्प मामले अमेरिका में सामने आए हैं। वैसे तो यह चर्चा पिछले बीस वर्षों में अधिक चली है किन्तु कई लोगों को विदित नहीं है कि सबसे पहला मामला 1722 में पेश हुआ था। बोस्टन नगर में प्रकाशित न्यू इंग्लैंड करन्ट पत्रिका में कुछ लेख प्रकाशित किए गए थे जो सरकारी विरोधी थे। ये लेख बेंजामिन फ्रेंकलिन के भाई जेम्स के थे और बैंजामिन स्वयं भी उन लेखों से जुड़ा हुआ था क्योंकि वह अपने बड़े भाई के साथ प्रशिक्षणार्थी के रूप में कार्य कर रहा था। राज्य की विधान सभा ने जेम्स और बेंजामिन को बुलाया और यह आदेश दिया कि प्रकाशित सामग्री उन्होंने कहाँ से प्राप्त की, यह बताएँ। उन्होंने बताने से इन्कार कर दिया। अध्यक्ष के आदेश में जेम्स को एक महीने के कारावास की सजा दी गई।

यह प्रश्न 1972 में अमेरिका की सुप्रीम कोर्ट के सामने बेन्जबर्ग के मामले में उपस्थित हुआ। पत्रकारों का यह कहना था कि वाणी की स्वतंत्रता संवैधानिक अधिकार को देखते हुए कोई न्यायालय यह आदेश नहीं दे सकता कि कोई भी पत्रकार उसके द्वारा एकत्रित सामग्री या उस सामग्री के मूल को न्यायालय में प्रस्तुत करे। किन्तु सुप्रीम कोर्ट ने इस दलील को स्वीकार नहीं किया।

1979 को हबर्ट के मामले में भी यह दलील निष्फल रही। उस मामले में किसी सम्पादक के विरूद्ध मानहानि का दावा किया था और न्यायालय ने यह आदेश दिया कि संपादक मंडल की मीटिंग में की गई चर्चा का सारांश न्यायालय में प्रस्तुत किया जाए। सम्पादकों ने यह दलील दी कि यह आदेश

अखकारी स्वतंत्रता के अधिकार से असंगत है। किन्तु इस दलील को अस्वीकार किया गया।

अखबारों में कार्यालयों की तलाशी के लिए जारी किए गए वारंट की वैधता के बारे में 1978 में जर्कर के मामले में प्रश्न उठाया गया किन्तु अमेरिकी सुप्रीम कोर्ट ने निर्णय दिया कि ऐसा वारंट जारी करने में अखकारी स्वतंत्रता के संवैधानिक अधिकार का कोई उल्लंघन नहीं होता हैं।

सुप्रीम कोर्ट ने इन निर्णयों की विख्यात विद्वान आर्चिवाल्ड कॉक्स ने आलोचना की है। किन्तु अमेरिकी सुप्रीम कोर्ट ने इस प्रश्न पर अब तक कोई पुनर्विचार नहीं किया है।

इस प्रकार अमेरिका के पत्रकार संवैधानिक युद्ध में सफल रहे हैं। किन्तु कुछ राज्यों ने अधिनियम पारित करके यह प्रबन्ध किया है कि (अमुक परिस्थितियों को छोड़कर) रिपोर्टरो को यह अधिकार होगा कि गोपनीयता सामग्री को न्यायालय में प्रस्तुत करने के सामान्य कर्तव्य से वे मुक्त रहें।

यूरोप में, आस्ट्रिया, पश्चिम जर्मनी नार्वे और स्वीडन में पत्रकारों के विशेषाधिकार को मर्यादित रूप में स्वीकार किया गया है। नार्वे और स्वीडन में यह अधिकार गोपनीय सामग्री को देने वाले व्यक्ति का नाम न बताने तक सीमित है जबकि ऑस्ट्रिया और पश्चिमी जर्मनी में यह अधिकार गोपनीय सामग्री के विषयों में भी लागू है। स्वीडन में यह अधिकार संविधान के एक अध्याय में समाविष्ट किया गया है।

पश्चिमी जर्मनी का अधिनियम उल्लेखनीय है 1975 में इसमें किए गए संशोधनों ने इसका क्षेत्र विशाल बना दिया है। इस अधिनियम में न केवल पत्रकारों को अधिकार दिया है अपितु अन्य माध्यम (रेडियो टेलीविजन आदि) को भी अधिकार दिया गया है कि गोपनीयता बनाए रखें। पुलिस पर भी प्रतिबंध लगाकर यह प्रबन्ध किया गया है कि अख़बारी कार्यालयों में स्थित दस्तावेज, ध्वनिमुद्रण, चित्र और अन्य सामग्री की तलाष तभी करें जबकि उनकी जब्ती से होने वाली हानि के बावजूद ऐसा करना मामले के महत्व को देखते हुए आवश्यक हो।

भारत में उस प्रकार का अधिनियम होना चाहिए जैसा कि विधि आयोग ने सुझाया भी है।

18

मीडिया अनुसंधान की चुनौतियाँ

संदीप कुमार धनेश जोशी

संचार मानव समाज के उदय और विस्तार के साथ ही जन्मा। यह सभी सामाजिक व्यवहारों का आधार है। इसे समाज का मूल कहा गया है। संचार का अर्थ है सहभागिता–साझेदारी। मनुष्य के लिए अकेलापन असहनीय होता है, कोई भी मनुष्य अकेला नहीं रह सकता। यही कारण है कि वह अपनी पूरी ज़िंदगी सामूहिकरूप में रहता है, संचार जीवन का प्राथमिक आधार है। इसके बिना समाज का अस्तित्व नहीं है। संचार के अन्तर्गत विचारों का और अर्थों का आदान–प्रदान होता है, जिसमें दो व्यक्ति अन्य व्यक्ति या समूह एक सामान्य समझ तक पहुँचते हैं। यह कठीन नहीं है और न ही अतार्किक, अतः सामाजिक संचार मानव समाज का प्राथमिक आधार है।

जीवन प्राकृतिक रूप सें कई चक्रों में घूमता रहता है, उसी प्रकार मानव प्रवृति भी। यह जीवन में लगातार चलता रहता है। कुछ क्रियाएँ विघटनकारी होती हैं जो जीवन भर चलती हैं या चलते–चलते तारतम्यता में रूकावट ला देती हैं या जीवन को पूरी तरह विरान कर देती हैं। जो भी हो मानव जीवन में इस प्रकार की प्रवृत्तियाँ व्यक्तिगत जीवन और सामाजिक जीवन में आती रहती हैं। जिनकी समझ आवश्यक होती है अन्यथा हमारा जीवन अधूरा ही रहेगा। संचार के द्वारा व्यक्ति, लोगों और समूहों के मध्य गलतफहमियाँ, अनबन और वैंमनस्य दूर हो जाता है। इसके द्वारा दूसरों को

हम अपने विचार बता सकते हैं, उनके सामने अपना दृष्टिकोण रख सकते हैं। जिससे वे हमारे विचारों को अच्छी तरह समझ सकते हैं और हमारे प्रति अपनी भावना बना सकते हैं। वर्तमान परिदृश्य में सचांर, पटल पर अपनी आकृति अंकित कर चुका है। जो अपने प्रभाव से समाज में नयी संरचना का निर्माण कर रही हैं आज मीडिया के समक्ष एक नई चुनौति मीडिया अनुसंधान की आ रही है क्योंकि समाज में ठहराव की स्थति में विकास सम्भव नहीं होता। मीडिया में नये मूल्य और नये सवाल उसे सुसंगठित बनायेगी। आज प्रिंट और इलेक्ट्रॉनिक माध्यम एक–दूसरे के पूरक हो गये हैं। सवाल यह है कि अख़बार में चयन की प्रक्रिया क्या हो वह किस लक्षित वर्ग समूह को सम्प्रेषित कर रहा हैं उस अख़बार के द्वारा समाज में वंचित वर्ग व जेंडर को देखने का क्या नज़रिया है तथा वह समाचार संसार के ख़बरों को कितना स्थान प्रदान करता है। क्योंकि सूचना की भूख दिनों–दिन पाठक वर्ग की बढ़ती जा रही है। हर पाठक वर्ग की अपनी प्राथमिकताएँ और सूचनाओं को चुनने के अपने अवसर होते है। कई लोग पढ़ना भी ठीक नहीं समझातें क्योंकि उनको अख़बारों में कुछ भी विशेष नहीं लगता पत्र उद्योग की सारी जटिलताओं के बीच कई असम्भव बिंदु भी सामने आते हैं जिनसे दस अख़बार के प्रभाव का मूल्यांकन किया जाता है और अख़बार की भाषा भी शब्द संचार माध्यम में महत्त्वपूर्ण भूमिका निभाती है। अख़बार की कौन–सी नीति है उसे अनुसार भी उनके समाचारों को विचार और विस्तार मिलता है यह जरूरी नहीं है कि जो समाचार राष्ट्रीय ख़बर के रूप में प्रमुख समाचार बनता है वो दूसरे समाचार–पत्र में महत्वपूर्ण स्थान रखता हो। प्रेस किस तरह काम करता है इस सम्बंध में विचार करते हुए सामाजिक समूहों को नज़रअंदाज नहीं किया जा सकता है। प्रिंट मीडिया में आज सम्पादक की भूमिका और विचार का व्यापक महत्व होता है। वह लोगों की सोच में परिवर्तन लाने में महत्त्वपूर्ण भूमिका निभाती है।

आज चाहे वह अंर्राष्ट्रीय/राष्ट्रीय स्तर का अख़बार हो या क्षेत्रीय स्तर का सबका अध्ययन नई सोच व ज्ञान के मार्ग खोलती हैं। बात अगर 'डेली हेराल्ड की हो, दैनिक भास्कर हो या सकाल', की सबकी आंकड़ों के समुचित कवरेज में अन्तर होता है। अनुसंधान से इन समाचार–पत्रों के विचारों में किस तरह बदलाव आया है तथा कौन–से नये सवाल उत्पन्न हुए हैं। इनमें सबसे

बड़ा सवाल पत्रकारों की स्वतंत्रता तथा पत्रकारिता की स्वतत्रंता का है। अगर कोई पत्रकार स्वतंत्र नहीं है तो वह आदर्श मूल्यों की स्थापना नहीं कर सकता। वही दूसरी ओर आज प्रायः रिर्पोटर गलत तथ्यों को प्रस्तुत कर रहे हैं जिससे रिर्पोटरों की विश्वसनीयता पर सवाल खड़ा होता हैं यह अज्ञानता शोध की कमी के कारण उत्पन्न होती है। छत्तीसगढ़ की लटनामी समुदाय के धर्म गुरु के ऊपर आलोचनात्मक टिप्पणी की वह क्राइम को बढ़ावा दे रहे हैं। कई अख़बारों तो पेड न्यूज जैसी असामाजिक कृत्य भी करने लगे हैं जिससे वे अपनी वित्तीय संसाधनों को और सुदृढ़ कर सकें। समाचार–पत्रों के पाठक संख्या सर्वेक्षण और मत इन सबका संज्ञान भी जरूरी है। किन लोगों ने सर्वेक्षण और मतों से यह बात पता लगाया कि कौन–सा वर्ग किस प्रकार के समाचार पत्र अधिक पढ़ता है। वह खेलकूद के समाचार अधिक पसंद करता है या राजनीतिक खब़र, विज्ञापन, फीचर का मिक्स यह सर्वेक्षण से पता चलता है। यह अनुसंधान को नये दिशा प्रदान करने का कार्य करती है।

सरकारी और निजी मीडिया में क्या अंतर है किस मीडिया से लोग ज्यादा प्रभावित हैं आज समाचार–पत्रों में हर पृष्ठ में अलग–अलग वर्गों समूहों के लिए अलग–अलग सामग्री प्रकाशित की जाती है। आज मीडिया वर्ल्ड पत्रकारिता के क्षेत्र में परिवर्तन की नई चुनौतियों के साथ सामने आया है। इस संबंध में भारत में विश्व समाचार संप्रेषण व्यवस्था का अध्ययन किया जा सकता है जो पत्रकारिता से विशेष रूप से जुड़ी है। आधुनिक युग में पत्रकारिता की भूमिका को अस्वीकार नहीं किया जा सकता। प्रत्येक मनुष्य विभिन्न क्रियाकलापों का निर्माता होता है इसलिए उसकी दृष्टि और घटनाओं के मध्य गहरा संबंध होता है। आज राजनीति सबसे ज्यादा मीडिया को प्रभावित करती है या हम ठीक उलटा यह भी देखते हैं कि मीडिया राजनीति को प्रभावित करती है, पर दोनों घटनाएँ समाज को प्रभावित करती हैं। पत्रकार को यथार्थ को पहचानना आवश्यक होता है इसे नज़रअंदाज करना मीडिया के विकास में जंजीर डालने जैसा है। छोटी या बड़ी कोई भी घटनाएँ अपने आप नहीं होती उसके पीछे कोई न कोई कारण अवश्य होता है, जिसे एक पत्रकार को परत दर परत गहराई तक जाकर घटना के पीछे के कारण को ढूँढ निकालना पड़ता है। आधारभूत परिवर्तन विकास की यात्रा में महत्त्वपूर्ण भूमिका निर्वहन करती हैं, वे सम्राज्यवाद का ही नहीं, स्वतंत्रराष्ट्रीय अस्तित्व का भी

भाग होता हैं वे पूँजीहीन एक समाजवादी समाज का भी प्रतिनिधित्व करते हैं। समाजवादी से साम्यवादी समाज, राजनीतिज्ञ से राजनीति, तथा औद्योगिक से औद्योगिक समाज तक मीडिया अनुसंधान को अलग नहीं किया जा सकता। अतः क्रियाकलापों और सहभागिता की अवधारणा के बीच पत्रकार को पूँजीवादी और समाजवादी अंतर को समझना पड़ेगा क्योंकि दोनों ही एक सिक्के के दो पहलू बन चुके हैं। कोई भी समाचार–पत्र केवल विचारों तक सीमित नहीं होता वह तो राजनीति, आर्थिक, सामाजिक शिक्षा से भी जुड़ा होता है। यह एक सामूहिक प्रचार तंत्र का भाग होता है और सामूहिक संगठन का निर्माण करता है। जिससे समाचार–पत्र की भूमिका में नये परिप्रेक्ष्य का निर्माण होता है। जो संघर्ष के लिए कार्य करता है जैसे–हमारे देश में स्वाधीनता के समय प्रेस ने किया था। इससे जन आंदोलन को सबलता मिली।

समाजिक परिवर्तन और विकास की निरंतरता स्वतंत्रता के संघर्ष को यह बल देती है। इसी के साथ अर्थव्यवस्था की रचना करनी पड़ती है क्योंकि बिना आर्थिक संघर्ष के सामाजिक परिवर्तन में भी विफलता मिलती है। सारी प्रक्रिया साफ दिखने लगती है, इसलिए इसे 'टेलीस्कोपिक' प्रक्रिया कहा जाता है। भारत में अनेक जातीय वर्ग विशेष के लोग हैं जिनके सामाजिक, सांस्कृतिक पृष्ठभूमि में जाये बिना हम सही सामाजिक संरचना का आंकलन नहीं कर सकते। आज अनेक वर्ग अपने समुदाय विशेष के लिए संघर्ष कर रहे हैं लेकिन इनका लाभ भी इस वर्ग के धनी व अग्रणी लोग उठा रहे हैं। इस स्थिति को सामने लाना और इस पर शोध करना भी मीडिया का काम है इस परिवर्त्तन को वास्तविक अंजाम तक पहुँचाने के लिए पत्रकारों को मानवीय चेतना को आकृति प्रदान करने का कार्य करना होगा। आज आधुनिक तकनीक ने समाज को सबसे अधिक प्रभावित किया है क्योंकि नई तकनीक जागरूकता के साथ समाज में दबाव बनाती है। जिसे समाचार पत्र ही अपनी सजगता से सामाजिक जागृति लाकर सामंजस्य स्थापित कर सकते हैं।

आज पत्रकारिता की चुनौतियाँ तकनीक की सीमाओं से भी बाहर है क्योंकि अब नये संप्रेषण ध्वनियों और नित्य नई–नई विकसित होती तकनीक के सहारे सृजनात्मक रूप से विश्व के आर्थिक और सामाजिक विकास में जिस तरह से अपनी भूमिका निभा रही है, उससे उत्पन्न प्रभाव को हर जगह देखा और सुना जा सकता है। हमें मीडिया शोध के क्षेत्र में आगे बढ़ना होगा,

आज किस प्रकार से ख़बरों का निर्माण किया जा रहा है, और किस प्रकार विकास की धारा को एक वर्ग विशेष की ओर मोड़ने की कोशिश की जा रही है। इन सभी बातों को शोध परिणाम के रूप में सामने लाना होगा। हमें मानवता के नये आयाम गढ़ने होगें क्योंकि आज आम आदमी भी समाचार से उतना ही प्रभावित होता है जितना कि एक वर्ग विशेष का व्यक्ति। आज एक शोधकर्ता से लेकर पत्रकार तक सेटेलाइट और इन्टरनेट से जानकारी और सूचना संग्रहण करता है। आज प्रिंट मीडिया के समक्ष ऑडियों–विडियों की चुनौतियों का सामना करते हुए अपने छवि को बनाये रखना होगा। बगुले की तरह अपनी चक्षुओं को हमेशा खोले रख कर संचार में हो रहे बदलाव को समाचार पत्रों में स्थान प्रदान करें क्योंकि जन सहभागिता की अवधारणाएँ बढ़ रही हैं। हर व्यक्ति को स्वच्छ वातावरण की जरूरत होती है वैसे हीं उसे स्वच्छ समाचार मिले यह आवश्यक है, क्योंकि पत्रकारिता का परम धर्म लोक जनकल्याण है। इन सारी चुनौतियों से प्रिंट माध्यमों को निपटना पड़ेगा।

इलेक्ट्रॉनिक मीडिया और इलेक्ट्रॉनिक मीडिया शोध की चुनौतियाँ :

इलेक्ट्रॉनिक मीडिया ने समाज को आज स्वप्न लोक में पहुँचा दिया है। मनुष्य सदैव से ही स्वर्ग की कल्पना करता रहा है अगर हम दर्शकों के मध्य यह प्रश्न ऱखें कि जनमाध्यम क्या आपको स्वर्ग की अनुभूति कराती है तो यह कोई अतिशंयोक्ति वाली बात न होगी क्योंकि इनके बिना आज मानव जीवन की कल्पना भी नहीं कि जा सकती। आज संचार शोध का क्षेत्र इतना विकसित और विशाल हो चुका है की इसने पाठ्यक्रम समाजशास्त्रीय अध्ययन को अपने में समा लिया है। जो पहले केवल इनसे जुड़ा हुआ था।

आज पत्रकारिता, जनसंपर्क तथा विज्ञापन पाठ्यक्रम के रूप में अकादमिक क्षेत्र में आ गये हैं। क्योंकि यह परंपराओं को तोड़कर आगे निकल चुका है। परंपराएँ और आधुनिकता दोनों को साथ लेकर ही शोध में परिणाम संभव हो सकेगा। आधुनिकता ने नये समाज को जन्म दिया है और संस्कृति का नया अध्याय विकसित किया है। जिससे अवधारणात्मक और विचारात्मक आत्म चेतना उभर रहा है। मीडिया शोध अध्ययनों में नये–नये शोध प्रविधियों का प्रयोग होने लगा है। बदली हुई तकनीक ने संचार को नव रूप प्रदान किया है, जिससे मीडिया की नयी परिभाषाएँ बनी हैं। समाज की भी नई

परिभाषाएँ बनी और जनमाध्यमों का भी एक नया रूप विकसित हुआ है। आज वर्चुअल यथार्थ का जमाना है और इसे लोग जीने लगे हैं। नए प्रवृत्तियों का विकास हुआ है एक नया वर्ग बना हैं। आज बड़ी दुनिया में टी.वी. है और टी.वी. में एक बड़ी दुनिया है इससे मीडिया के समक्ष नई चुनौतियाँ आ गई हैं जो न केवल राजनीति को प्रभावित करती हैं बल्कि पुरा परिदृश्य बदल देता है। यह पलं में लोगों की छवि बना देता है और बिगाड़ भी देता है क्योंकि अब मीडिया जज की भूमिका में भी दिखायी पड़ने लगी है। अनुसंधान का मुख्य केन्द्र संस्कृति भी है और इसके परिणामों पर शोध में विचार करना आवश्यक है। जिससे इलेक्ट्रॉनिक मीडिया शोध में नये विचारों को बढ़ावा दिया जा सके। टी.वी. अकेले ही अपने भीतर की चीज़ों को सम्भाले इससे महत्वपूर्ण अपने दर्शकों के प्रति अपनी जिम्मेवारियों को समझे और अपनी एक स्वच्छ छवि प्रस्तुत करे। मनोरंजन का एक विशाल क्षेत्र इलेक्ट्रॉनिक मीडिया के माध्यम से लगातार अपनी पंखे फैला रहा है। आज इलेक्ट्रॉनिक मीडिया की जड़ों में तेजी के साथ व्यवसायिकता अपनी जड़ें जमा रहा है या यूँ कहें कि जमा चूका है। इलेक्ट्रॉनिक मीडिया पर मनोरंजन के कार्यक्रम देने का गहरा दबाव है। अब समाचार भी विज्ञापन और मनोरंजक रूप में प्रस्तुत किये जा रहे हैं। जब तक इसपर कोई ठोस अनुसंधान नहीं किया जाएगा तबतक कोई प्रवाभजनक परिणाम नहीं मिलेगा और न ही इसकी दशा में कोई ठोस सुधार होने वाली है।

आज इलेक्ट्रॉनिक मीडिया बाजार की अर्थव्यवस्था से पूरी तरह जुड़ चूकी है। जिससे इसके तीन स्वरूप सामने आते हैं 'विज्ञापन, दर्शक और जनता'। क्योंकि उसके तो दोनों से सम्बंध हैं जनता और दर्शक। वर्तमान युग विज्ञापन का युग है जहाँ हर चीज़ का विज्ञापन उपलब्ध है जिससे अर्थव्यवस्था जुड़ा है हर स्तर व उम्र के उपभोक्ता को विज्ञापन लक्षित किया जा रहा है। जिसमें एक ओर स्त्री छवि को आज इस तरह से प्रस्तुत किया जा रहा है कि वह जनमाध्यमों की भोग्या के रूप में प्रस्तुत हो रही है। किस वर्ग के लिए कौन–सा उत्पाद है उसके आधार पर विज्ञापन तैयार किया जाता है। सबका सर्वेक्षण मीडिया अनुसंधान में बहुत ही महत्त्वपूर्ण है क्योंकि मीडिया का सारा नेटवर्क लोगों के पसंद और नापसंद पर आधारित है। मीडिया अनुसंधान में मीडिया कार्यक्रमों की तरह लोकप्रियता का व्यापक महत्त्व है।

इसलिए कार्यक्रमों में संचारना बहुत अधिक सिमटी हुई न होकर फैली हुई हो जिसमें लचीलापन जरूरी है। सृजनात्मक रूपों के लिए भी यह सामरिक योजना आवश्यक है अतः लेखक को अपनी योजना में लचीला होना पड़ता है। मीडिया अनुसंधान ने सामाजिक विज्ञान के क्षेत्र में अनेक नये प्रतिमानों की स्थापना की है। 1970 के बाद संचार शोध क्षेत्र में व्यापक विकास हुआ है। समाचार के हर टुकड़े का गहराई से अध्ययन करना पड़ता है, कई प्रोग्राम जो साक्षात्कार पर आधारित होते हैं, उनके विश्लेषण में अनेक मॉडल और प्रविधियाँ काम करती हैं। अब परिवार के स्वरूप बदल रहे हैं, समाज बदल रहा है, विश्व बदल रहा है और एक नया दृश्य बनता जा रहा है। समाचार प्रदर्शन, वृत चित्र, टी.वी. मूवी सबकी अपनी–अपनी जगह है, परिवार समाज और राजनीति के नये रूप बन रहे हैं। अपराध और सेक्स का नेटवर्क बन गया है, युद्ध और आतंक आमने–सामने खड़े हैं। इसमें किसे सबसे ज्यादा पसंद किया जा रहा है, इसके लिए शोध की आवश्यकता है। "गुडमैन कहते है कि समूह की रुची किसमें है यह पता लगाना आवश्यक होता है, लोग टी.वी. देखते हैं और वह एक अकेला अनुभव कई लोगों द्वारा परस्पर बाँटा जाता है। अब समाज के सामने इलेक्ट्रॉनिक मीडिया को आकृति और आधार का निर्माण करना है तभी जन से जनमाध्यम की ओर पहुँच पायेगा। वर्तमान सूचना क्रांति में चाहे रेडियो, टी.वी. या इन्टनेट सभी माध्यमों ने समाज को प्रभावित किया है। इसके प्रभाव को जनमानस तक पहुँच एवं नव सृजन हेतु अनुसंधान की आवश्यकता है जिससे इलेक्ट्रॉनिक माध्यमों में विकास के नये आयाम स्थापित किया जा सके।

मीडिया अनुसंधान की परियोजना :

'मीडिया और समाज' मीडिया अनुसंधान में महत्वपूर्ण स्थान रखती है। समाज विज्ञान की शोध प्रणालियों को मीडिया में व्यापक रूप से अपनाया जाता है। पत्रकारिता और इलेक्ट्रॉनिक मीडिया अनुसंधान समाजिक अनुसंधान से व्यापक रूप से जुड़े रहते हैं क्योंकि समाज से ही सभी क्षेत्र जुड़े हुए हैं। अब चीज़ों को तार्किक ढ़ंग से रखने कि आवश्यकता है अतः मीडिया अनुसंधान के वे सारे मानदंड अपनाना आवश्यक है जिससे इस क्षेत्र में व्यवहारिक और प्रायोगिक अनुसंधान किया जा सके। मीडिया अनुसंधान की परियोजना बनाते समय अनेक प्रविधियों का प्रयोग करना पड़ता है। जिसमें

सबसे अधिक समाज शास्त्रीय प्रविधियाँ हैं। मीडिया को अपनी परियोजनाएँ बनाते समय अनेक अंतरानुशासनों से जुड़ना पड़ता है, राजनीति और मनोविज्ञान बाहरी और आंतरिक जटिलताओं को मीडिया से जोड़ता है। मीडिया परियोजना सामाजिक संस्कृति के आधार पर आकृति पाती हैं। जाति, धर्म, वंश शिक्षा संस्था आर्थिक, प्रशासन, भौगोलिक स्थितियाँ सभी को शोधकर्ता अपनी परियोजना में शामिल करता है। मीडिया समाज से अलग नहीं है। वह अलग से अपनी पहचान नहीं बना सकता। मीडिया की उपकल्पना समाजशास्त्र के व्यापक परिवेश को ध्यान में रखकर होती है क्योंकि इसका लक्ष्य बड़े वर्ग समूह तक लक्षित होता है। इसमें भाषा की सृजनात्मकता इतनी गहरी भूमिका निभाती है कि मीडिया शोध, मडिया साहित्य से जुड़ जाता है। उपकल्पनाओं और अवधारणाओं को बदलते हुए मापदण्डों के साथ अनुसंधान को व्यक्ति जीवन के अनुभव खण्डों और समाज की हलचलों सभी घटनाओं से जोड़ना पड़ता है अतः मीडिया अनुसंधान परियोजना को वैश्विक स्तर पर रखकर शोध किया जा सकता है। परन्तु शोध विषय में वस्तुनिष्ठता को ध्यान में रखकर व्यापक नेटवर्क से जोड़ना पड़ता है और मीडिया अनुसंधान की परियोजनाओं को संचार अनुसंधान की व्यापक कल्पना का आधार देना पड़ता है यह अनुसंधान बिना वैज्ञानिकता के असम्भव है। मीडिया अनुसंधान का क्षेत्र व्यापक है जिसमें असीम सम्भावनाएँ है।

संदर्भ ग्रंथ सूची

1. मीडिया मीमांसा, जुलाई–सितम्बर 2010, माखनलाल पत्रकारिता विश्वविद्यालय भोपाल (म.प्र.)।
2. तिवारी परिभाष, भारतीय मीडिया और जनसंचार 2010, मिश्रा पब्लिसर एण्ड डिस्ट्रीब्यूटर, नई दिल्ली।
3. गणेशन एस.एन. , अनुसंधान प्रविधि सिद्धांत और प्रक्रिया, 2009, लोकभारती प्रकाशन, पटना।
4. सिंह प्रो. आनंद प्रकाश, सामाजिक अनुसंधान, 2008, यूनिवर्सिटी पब्लिकेशन, नई दिल्ली।
5. शर्मा डॉ. श्याम गोपाल, शोध प्रणाली तथा सांख्यिकीय तकनीक, 2009, रमेश बुक डिपो जयपुर, नई दिल्ली।

19

मीडिया का बाज़ारीकरण और विज्ञापन

डॉ. माला मिश्र, डॉ. नीरज खत्री

वैश्विक मीडिया बाज़ार–आश्रित अर्थव्यवस्था की देन है। सार्वजनिक जनसंचार सेंवाओं से शुरू होकर ये माध्यम धीरे–धीरे वैश्विक स्तर पर फैलने लगे। संचार उपग्रहों के अवतरण के बाद विश्व सही मायने में एक 'विश्व ग्राम' बन गया जिसमें सूचना संचार के अवतरण के अलावा व्यापार, संस्कृति सभी वैश्विक घरातल पर आ गए हैं। वैश्विक मीडिया का वर्ततान स्वरूप बाजार की अर्थव्यवस्था की देन है। प्रांरभ में उसने विज्ञापन प्रसार के द्वारा उद्योगों और व्यापार को समृद्ध करने का कार्य किया परंतु नब्बे के दशक में मीडिया स्वयं एक बड़ा उद्योग बन गया। आज वैश्विक मीडिया और उद्योग एक–दूसरे के पूरक बन गए हैं।

टेक्नोलॉजी आधारित सबसे पहला जनसंचार माध्यम समाचार–पत्र था लेकिन आगे चलकर टेलीविजन का दृश्य–श्रव्य माध्यम आया जो और भी सशक्त था। तीसरी दुनिया सहित अनेक देशों में वहाँ के व्यवसायियों के साथ मिलकर संपन्न राष्ट्रों ने मीडिया उद्योग में अपनी हिस्सेदारी दिखाई। वैश्विक बाज़ार के फैलाव के साथ विज्ञापनों के तेजी से बढ़ते प्रयोग ने मीडिया को फलने–फूलने का पर्याप्त अवसर प्रदान किया।

वैश्विक मीडिया अब स्वयं उद्योग बन गया और दुनिया में उदारवादी आर्थिक नीतियों के प्रभुत्व में वह अपनी गहरी जड़ें जमाने लगा। विकासशील देशों में विकास और समृद्धि की नई लहर नब्बे के दशक में दिखाई देने लगी। वहाँ के उन्नत होते बाज़ार के लिए विज्ञापन प्राणवायु का कार्य कर रहे थें।

विज्ञापन का प्रयोग आज अनेक क्षेत्रों में सफलतापूर्वक किया जा रहा है, जैसे–समाजहित के कार्यों में लोगों की सहभागिता चाहने के लिए, अनेक सांस्कृतिक आयोजनों की जानकारी के लिए आंदोलनों में उनकी भागीदारी के लिए।

आज विज्ञापन का प्रयोग मुख्यतः व्यापारिक उददेश्यों और वस्तुओं के लिए, लोगों के बीच माँग बढ़ाने के लिए या किसी वस्तु का विश्वसनीय ब्रांड बनाने के लिए किया जाता है। कुल विज्ञापनों का लगभग 50 प्रतिशत अंश यदि बाजार की वस्तुओं या व्यक्तिगत हित–संबधों से भरा हो तो समाज–हित की दृष्टि से ही उसे गौण और बाजार की दृष्टि से ही उसे प्रधान माना जाएगा। 'विज्ञापनों का मायाजाल' उक्ति इसी संदर्भ में उचित है। 21 वीं शताब्दी के प्रारंभ में जनसंचार माध्यमों पर बाजार का आधिपत्य जमाने में विज्ञापन–व्यवस्था पूर्णतः हावी हो गई है।

जनसंचार माध्यमों का विकास इतनी तीव्र गति से हो रहा है कि उस पर अंकुश लगाना मुश्किल है। जितना तीव्र गति से विकास हो रहा है, उतना ही ज्यादा मीडिया का स्वरूप बदलता जा रहा है। इसके कारण विभिन्न माध्यमों की विश्वसनीयता में गिरावट आ रही है और जन माध्यमों के सामाजिक दायित्वों में ह्रास हो रहा है।

वर्तमान में जनसंचार माध्यमों में संलग्न संस्थान विज्ञापनों के द्वारा अधिकाधिक धन कमाने में रूचि रखते हैं और इसके कारण वे उचित दिशा में पत्र–पत्रिकाओं का प्रकाशन नहीं कर रहे। इसमें यद्यपि कुछ अपवाद हो सकते हैं। विश्व में मीडिया जगत के अधिकांश संस्थान इस मायाजाल से ग्रस्त हो चुके हैं। आज मीडिया एक व्यवसाय बन चुका है जो आय के लिए विज्ञापन का मोहताज हो गया है और उसका गुलाम बन कर रह गया है। यही इसका वर्तमान चरित्र बनकर उभर रहा है। बढ़ते लाभांश के कारण

मीडिया अपने मूल उद्‌देश्यों से भटक गया है। यह लाभांश विज्ञापन जगत से इतना अधिक जुड़ गया है कि विश्व का आर्थिक ढाँचा प्रभावित होता है।

वर्तमान समय में विश्व आर्थिक मंदी के दौर से गुजर रहा है लेकिन विश्व में भारत ही एकमात्र ऐसा देश है जहाँ अमेरिका जैसे देश अपने पैर टिका सकते हैं। मीडिया विशेषज्ञ मैक्चैस्ने के मतानुसार –" भारत की आधी से ज्यादा जनसंख्या भले ही भूमंडलीय मीडिया बाज़ार के अनुपयुक्त है मगर अकेले भारत में 25 करोड़ आबादी मध्य वर्ग की परिधि में आती है। यही आबादी इस बाजार को फैलाव का रास्ता देती है। यही कारण है कि पिछले दस वर्षों में भूमंडलीय मीडिया ने इसी वर्ग को अपने से जोड़ने में अपनी ऊर्जा खर्च की है।"

भारतीय मीडिया खतरे के निशान को पार करके एकता और सार्वभौमिकता को दरकिनार करके विज्ञापनों को प्रवाहित कर रही है। आज हर व्याक्ति बाजार के बीचों–बीच खड़ा है और आज ज्ञान के क्षेत्र में सबसे बड़ा खुला बाजार सूचना का है। आज बाजार में सिर्फ मोटे धन के सहारे ही खड़ा रहा जा सकता है उसके बिना निश्चय ही बाजार से खदेड़ दिए जाने का जोखिम खड़ा हो सकता है। आज बाजार में शब्दों का कोई मूल्य नहीं रह गया है। शब्दों के अर्थ और प्रयोग इतने बदल गए हैं कि आडंबर और भ्रम का ही साम्राज्य चारों ओर दिखाई दे रहा है। आज शब्द भी अपने वास्तविक अर्थ संदर्भ और मूल्य खोकर बाजारू बना दिए गए हैं। आज आडंबरपूर्ण भ्रम ही विज्ञापन, बाजार और मीडिया का सच बन गए हैं। जबकि शोषण के नए–नए अवसर तलाश रही है। उपभोक्तावादी प्रवृत्ति के नए – नए आयामों से भारतीय मीडिया भी अछूता नहीं रह गया है। विज्ञापन के नए – नए नुस्खों के कारण मीडिया का उद्‌देश्य समृद्ध पाठकों तक सीमित होता जा रहा है। आज गुणवत्ता की पहचान और सफलता के लिए मार्केटिंग की सही पकड़ जरूरी है जो विज्ञापन के बिना अधूरी है।

मीडिया विशेषज्ञ हार्म के अनुसार – "मीडिया व्यापार का एक अभिन्न हिस्सा है, जिसकी प्राथमिक भूमिका उत्पादों और उससे जुड़े विचारो को बेचने की है।"

आज की सबसे बड़ी सच्चाई यह है कि आज के मीडिया पर बाजार हावी है और बाजार पर मीडिया प्रभावी है। दोनों एक– दूसरे के परिपूरक अभिन्न अंग बन चुके हैं। दोनों का अंतः संबंध एक सिक्के के दो पहलुओं की तरह है। आज मीडिया को लाभांश के लिए बाजार की जरूरत है और बाजार को पहचान बनाने के लिए मीडिया की अपेक्षा। दोनों को जोड़ने और अंतः सूत्रित करने का महत्वपूर्ण कार्य कर रहे हैं– विज्ञापन जो कि बाजार–व्यवस्था का भी अंग हैं और प्रभावी मीडिया का सशक्त हथियार भी। कुल मिलाकर सच्चाई यह है कि बाजार के विज्ञापन और विज्ञापनों के बाजार ने समूचे समाज और मीडिया को दस तरह से आकृभट और आक्रांत कर रखा है कि उससे बचकर वर्तमान समय में विकास और प्रसार की कोई सीढ़ी चढ़ी ही नहीं जा सकती। प्रभाकर श्रोत्रिय के शब्दों में कहना भी पूर्णतः तर्कसंगत होगा कि "बच्चों से लेकर बूढ़ों तक के लिए घर में मनोरंजन का एक डिब्बा रहता है, जो लुंज–पुंज को मैदान में दौड़ा देता है केश को हवा में लहरा देता है, मोटरसाइकिल से खाई–पहाड़ पार करवा देता है, आंटी को दीदी बना देता है। बेशुमार करिश्मे सुंदर स्वप्निल दुनिया की सब वस्तुएँ दे देता है।" यह बनावटीपन मीडिया की वर्तमान अंतर्वस्तु को पूर्णतः प्रस्तुत कर देता है। विज्ञापन पर आश्रित मीडिया और बाजार पर आश्रित विज्ञापनों की वास्तविकता यह है कि उनका पूरा–पूरा ध्यान जनकल्याण या जनसेवा परक कार्यक्रमों पर नहीं वरन् उच्च आय वर्ग के उपभोक्ताओं को आकृष्ट करने में लगा रहता है। ये कार्यक्रम बाजार के दृष्टिकोण से बनाए एवं दिखाए जाते हैं जिससे सेक्स, हिंसा और अपराध की भरमार होती है जो दर्शकों को आकृष्ट कर अपने लिए कृत्रिमत ही सही लेकिन स्पेस बना लेते हैं।

आज के मीडिया की वास्तविकता यह है कि विज्ञापनदाताओं के दवाब और आधिकाधिक विज्ञापन पाने के प्रलोभन में मीडिया हर कीमत पर देश और समाज के समृद्ध वर्ग को अपने साथ जोड़े रखना चाहता है। वह उन सूचनाओं से परहेज करता है जिससे उसे प्रत्यक्षत! कोई लाभ नहीं हो रहा है। यही मीडिया का बाजारवादी चरित्र है और यही बाजार का मीडिया है।

" वैश्वीकरण की दौड़ में सब है बाजार मग्न सारे मूल्य खो गए और मीडिया हो गया नग्न। व्यवसायिकता की दौड़ में जीवन बना विज्ञापन मीडिया बाजार बन गया और खो गया जनज्ञापन।

20

समाज के लिए समर्पित मीडिया

डा. रजनी पंडित

वास्तव में मीडिया का कार्य है कि वह जनता के सामने सच की तस्वीर लाए और सरकार का जो तंत्र है उसको जनता के सामने प्रस्तुत करे चाहे वह अच्छा हो या बुरा। इसी तरह मीडिया की जिम्मेदारी है कि वह सरकार के सामने जनता के सही हालात प्रस्तुत करे, ताकि तंत्र में बैठा हुक्मरान यह भूले नहीं कि उसकी कुर्सी लोक पर ही निर्भर है और वह उसी भीड़ का नुमाइन्दा है जो आज उसके सामने खड़ी है। वास्तव में मीडिया निष्पक्ष व नीर्भिक तरीके से कार्य करे न कि निर्णायक तरीके से। आज के परिदृश्य में हो यह रहा है कि मीडिया निर्णायक भूमिका में नज़र आ रहा है। हर प्रकरण में मीडिया तथ्यों को इस तरीके से पेश करता है कि जैसे वह मीडिया न होकर अदालत हो। मीडिया की जिम्मेदारी है कि वह तथ्य प्रस्तुत कर दे न कि उन तथ्यों.पर निर्णय करे। मीडिया निर्णायक भूमिका में रहे यह लोकतंत्र के लिए अच्छा संकेत नहीं है क्योंकि लोकतंत्र में सन्तुलन आवश्यक है जहाँ विधायिका, कार्यपालिका व न्यायपालिका परस्पर चेकिंग का भी काम करते हैं और इस भूमिका में मीडिया कि यह जिम्मेदारी है कि वह इस चैकिंग का हिस्सा बने न कि इन सब पर हंटर लेकर खड़ा हो जाए मीडिया तीसरी आँख है, समाज का दर्पण है, यह मीडिया के लोगों को हमेशा याद रखना चाहिए। वर्तमान में मीडिया के कारण एक जन दबाव बनता है और इस जन दबाव

में सही निर्णय नहीं हो पाते। आज न्यायपालिका, विधायिका सब के सब मीडिया का दबाव महसूस कर रहें हैं। इस दबाव के कारण कार्यपालिका और न्यायपालिका के लिए कार्य करना कठिन हो गया है। मीडिया की क्या और कैसी भूमिका हो यह तौलने का समय है।

मीडिया और समाज का संबंध शायद उतना ही पुराना है जितना पुराना समाज। मीडिया के चेहरे में कोई खास बदलाव नहीं आया बल्कि यह कहना ज्यादा उचित होगा कि उसमें नए–नए आयाम जुड़ते गए। जैसे शुरुआती समाज को प्राकृतिक घटनाओं या हलचलों ने प्रभावित किया। और उसने पानी में तैरते लट्ठे को देखकर उसका विकसित रूप यानि नाव तैयार की होगी, पत्थरों की रगड़ को देख उसने आग उत्पन्न करना सीखा होगा, लुढ़कते हुए किसी गोल पत्थर को देख उसने अपने लिए रथ बना लिया होगा, शिकार करने के तरीकों को देख उसने भी भोजन प्राप्त करने की कला सीखी होगी। ये सब विकास के ऐसे शुरुआती सोपान हैं जिनसे हम अनुमान लगाते हैं कि नेचुरल मीडिया यानि उसने प्रकृति के संकेतों को समझकर स्वयं को कार्य कुशल बनाने की कला सीखी। इसी के बाद दौर शुरू हुआ कबीलों में रहने का, जिसमें लोंगों ने सामान्यतः नदियों के किनारों को अपना निवास बनाना शुरू किया। तत्कालीन समय में नदियाँ, वर्षा, सूरज, चाँद, धरती, तारे, हवा सभी को, लोगों ने चमत्कारिक ढंग से देखा होगा जिसके कुछ अंश अभी भी मिलते हैं। प्राचीन भारत में ही जब नागार्जुन, आर्यभट्ट, वराहमिहिर, भारद्वाज सरीखे तत्ववेत्ताओं ने प्रकृति के रहस्यों को खोलना शुरू किया तो लोगों के देखने और समझने के नज़रिए में आवश्यक बदलाव आया। यही कारण था कि जब पूरा भारत सूर्य और धरती की गति और स्थिति के बारे में जान चुका था तब यूरोप में गैलिलियो को धरती सूर्य के चारों ओर घूमती है कहने पर यूरोपियन धर्मगुरु उसे गुलैटिन पर चढ़ाने की बात कर रहे थे। स्वाभाविक भी था, जो जितना नया समाज था उसकी उलझनें भी उतनी ही नई थीं।

वर्तमान समय में यह जरुरी है कि मीडिया दादागिरी न करे, सहयोगी रहे। मीडिया की दादागिरी के कारण मीडियाकर्मी भी अपने आप में पत्रकार न समझकर न्यायाधीश समझने की भूल कर रहे हैं। मीडियाकर्मी किसी भी सरकारी या गैर सरकारी तंत्र में जाकर अपने आप को विशिष्ट अंदाज में पेश करता है और उसके दिमाग में यह बात रहती है कि मैं इन सबकी खबर

लेने के लिए ही हूँ। वास्तव में एक पत्रकार समाज सुधारक की भूमिका में नज़र आए व अपनी कार्यप्रणाली को समाज को सुधारने की दिशा में ले जाए तभी यह संभव है कि मीडिया का वास्तविक फायदा समाज व राष्ट्र को मिलेगा। मीडिया की दादागिरी का परिणाम यह हो रहा है कि आज मीडियाकर्मी भी अपने इस पेशे को भ्रष्टाचार में डुबोने का काम कर रहे हैं। हाल ही में टू जी स्पेक्ट्रम के मामले में यह बात खुल कर सामने आई है कि मीडिया में कितने स्तर तक भ्रष्टाचार आ चुका है। कहने का मतलब यह है कि लोकतंत्र का यह चौथा स्तम्भ अपने सही व वास्तविक रूप को प्रकट करे, न कि एक ऐसा चेहरा बनाए जो लोकतंत्र के बाकी स्तम्भों से मिलता जुलता नज़र आए।

मगर भारत में नदियों के किनारे बसी इन वैदिक बस्तियों ने सबसे पहले प्रकृति के प्रति अपनी जवाबदेही जाहिर करते हुए पर्यावरण को लेकर शांति मंत्र तैयार किया जिसे धर्म यानि कर्तव्य पालन की बात कहकर घर–घर तक पहुँचाया, जिसमें जल, अग्नि, पृथ्वी, वायु और आकाश को कल्याणकारी बनाने के लिए यज्ञों का आयोजन शुरू हुआ जिससे कि पूरी प्रकृति को प्रदूषण मुक्त किया जा सके। इस सबके लिए उन्होंने अपनी–अपनी लोकभाषाओं में कहावतें भी गढ़ी। जैसे पानी को लेकर सब जगह अपनी–अपनी लोकभाषाओं में भी ये कहावतें रूपांतरित कर लीं गईं। जैसे ठहरे हुए जल और बहते हुए जल के महत्व को उन्होंने लगातार घूम–घूमकर अच्छी बातों का प्रसार करने वालों के लिए कहा कि "बहता पानी और रमता जोगी सदा निर्मल" रहता है। मगर आज के पढ़े लिखे लोगों ने गंगा को रोककर गंदा करने की ठान ली है। दरअसल वे मुर्गी से सोने का अंडा लेने की बजाय मुर्गी को ही हलाल करने पर तुले हुए हैं। यह ज़रूरी है कि मीडिया पर मीडिया के ही लोगों की एक मॉनिटरिंग कमेटी हो जो उसकी सामाजिक जिम्मेदारी तय करे और उसे गलत रास्ते पर जाने से रोके। ये भी ज़रूरी है मीडिया को समाज पर हावी न होने दिया जाए वरन उसको समाज की आवश्यकताओं के हिसाब से दिशा दी जाए, ताकि नई पीढ़ी को समाज में व्याप्त भ्रष्टाचार, जात–पात, छुआछूत और मजहबी कट्टरपन जैसी बुराइयों से लोहा लेने लायक बनाया जा सके। ऐसा कहा जाता है कि 1962 से लेकर 1972 के बीच की सिविल सेवाओं में दाखिल हुए नौकरशाह कुछ ज्यादा ईमानदार और अपनी डयूटी को लेकर संजीदा निकले, इसका कारण भी मीडिया ही बताया जाता है। इन 10 सालों

में भारत को लगातार 3 युद्धों का सामना करना पड़ा। दूरदर्शन से लगातार देश भक्ति की फिल्में और आकाशवाणी से लगातार देशभक्ति के गीत प्रसारित किए जाते रहे, जिसके चलते जो बच्चों को किशोरावस्था से लेकर लगातार दसियों साल देशभक्ति की घुट्टी पिलाई गई जिसका कुछ असर उस समय के युवाओं में भी देखने को मिला। दरअसल हमें यह कतई नहीं समझना चाहिए कि मीडिया के हाईटेक होने से उसकी गुणवत्ता में बहुत सुधार आ गया होगा। आज विजुअल मीडिया और इंटरनेट होगा। छोटी–छोटी बच्चियों के साथ अश्लील कृत्यों को फिल्माकर पोर्नोग्राफी के जरिए रोजगार के नए अवसर मुहैया करा रहा है, जिसके चलते इस मीडिया का उपयोग करने वाले मानसिक विक्षिप्तता का शिकार हो रहे हैं। दरअसल ये आत्मघाती पथ है जिस पर मीडिया हमें ले जा रहा है। एक सर्वे के मुताबिक हाईटेक माध्यमों का इस्तेमाल करने वाले 80 फीसदी से ज्यादा युवक इसका उपयोग अश्लील फिल्में देखने के लिए करते हैं। मीडिया की शुरुआत आजादी के पहले तक जितनी सराहनीय थी आज उतनी ही आलोचनीय बन चुकी है। क्रिकेट, क्राइम, सिनेमा और सेक्स के भँवरजाल में फँसी आज की मीडिया के दशा और दिशा पर अब विचार करने का समय आ गया। अब हम गांधी, तिलक, गणेश शंकर विद्यार्थी और दादा साहब आप्टे जैसे सैकड़ों पत्रकारों की विरासत को हमें यूँ ही नहीं गँवा देना चाहिए। हमें नहीं भूलना चाहिए कि 20वीं शताब्दी में दुनिया भर के पत्रकारों ने अपने जुझारूपन के चलते प्रजातंत्र की स्थापना को लेकर जो मुहिम चलाई उसके बूते आज दुनिया में 120 देश, प्रजातांत्रिक हवा में साँस ले रहे हैं। जबकि 100 साल पहले तक सच्चे अर्थों में एक भी प्रजातांत्रिक देश नहीं था। हम भी उन्हीं में से एक हैं। मगर हमें ये नहीं भूलना चाहिए कि एक अच्छे प्रजातंत्र की जिम्मेदारी उसकी प्रजा के कंधों पर ही होनी चाहिए। इसका अर्थ है कि अब मीडिया का उपयोग प्रजातंत्र में उसकी जिम्मेदारियों का एहसास कराने की दिशा में होना चाहिए न कि उसके हकों की लड़ाई लड़ने के लिए। ये ज़रूरी है कि वो आम आदमी को भ्रष्ट कानून और व्यवस्था से लड़ने की ताकत दे। वह उसे विश्वास दिलाए कि वो हर उस आदमी की.जंग में शामिल है जो भ्रष्टाचार से लड़ना चाहता है, अन्याय और अत्याचार के खिलाफ आवाज उठाना चाहता है। मीडिया का सबसे अहम रोल सामाजिक और सांप्रदायिक सदभाव कायम करना भी है। इस देश और

दुनिया के लोग विविधता भरी इस दुनिया में एकात्मता का अहसास करा सकें। इसके लिए मीडिया को आधुनिक शंकराचार्य की भूमिका निभानी होगी। मीडिया का एक और जो खास सरोकार है वह है कृषि और किसान संकट यह संकट केवल भारत का न होकर पूरी दुनिया का संकट है। आज दुनिया भर के किसानों से उनकी जमीनें छीनी जा रही हैं। जो बचे हैं उनके साथ भी ये षडयंत्र जारी है। इसी के चलते अंतरराष्ट्रीय स्तर पर किसानों से, उन्हें दी जा रही तमाम सुविधाओं को समाप्त करने की मुहिम चलाई जा रही है।

दरअसल खेती को उद्योग की राह पर ले जाने वाले लालची धनपतियों से खेती को बचाना होगा, ग्रामीण विकास का यह ऐसा मुद्दा है जिसके चलते लाखों किसान आत्महत्या का रास्ता अपना रहे हैं। दूसरी तरफ मीडिया लगभग खामोश है, शायद इसलिए कि वहाँ उनका चैनल नहीं देखा जाता। आज हर तबके, चाहे सरकारी हो या पूँजीपति सभी के मन में किसान के प्रति करुणा पैदा करनी होगी। हर पत्रकार को खेत और किसान की आवाज बनकर आगे आना होगा। ये खास बात है कि आज संवाद का सशक्त माध्यम होने के बावजूद मीडिया संगठनों में कुछ खास संवाद नहीं है। मगर एक बार सभी मीडिया संगठनों को रणनीति के तहत एक मंच पर आकर किसान को मरने न देने के साथ–साथ उनके विकास के लिए आगे आना होगा। अन्यथा वो दिन दूर नहीं जब ये लोग गाँव–गाँव से शहरों की ओर पलायन कर देश का इतिहास व भूगोल बदल देंगे, तब स्थिति और भी विस्फोटक हो जाएगी, जिसके संकेत शहरों की लगातार बढ़ती आबादी के रूप में सामने आने शुरू हो चुके हैं।

मीडिया और मनुष्य का नाता बहुत पुराना है। किन्तु, जिस मीडिया की हम चर्चा कर रहे हैं, उसका जन्म लगभग सौ–डेढ़ सौ वर्ष पहले उस समय हुआ जब औद्योगिक क्रांति और उससे उत्पन्न नवीन सामाजिक-राजनीतिक व्यवस्थाएँ यूरोप में धीरे–धीरे सामने आ रही थीं। अख़बार के रूप में अवतरित इस मीडिया का कालान्तर में ऐसा महत्व बढ़ा कि उसे किसी भी लोकतांत्रिक व्यवस्था का आवश्यक अंग माना जाने लगा। उसे लोकतंत्र के चौथे स्तम्भ की संज्ञा दे दी गई। मीडिया के आकार–प्रकार में भी बढ़ोतरी हुई। जहाँ पहले अखबार कुछ सौ या कुछ हजार के दायरे में एक खास इलाके तक

सीमित रहते थे, वहीं अब वे लाखों में और एक बड़े इलाके तक पहुँचने लगे। इसी दौरान रेडियो और टेलीविजन ने भी मीडिया के सशक्त और प्रभावी माध्यमों के रूप में अपनी जगह बना ली। आज मीडिया अपने विभिन्न स्वरूपों में एक ऐसी ताकत बन गई है जिसके पास लोकतांत्रिक व्यवस्था के विभिन्न सत्ता प्रतिष्ठानों को अंकुश में रखने की ताकत है।

मैं यह कहना चाहूँगी कि इस मामले में इलेक्ट्रॉनिक मीडिया ने कुछ ज्यादा ही काम किया है। वर्तमान में टी.वी. चैनल्स की खबरों का आम आदमी पर सीधा असर पड़ता है। जल्दी से जल्दी और ज्यादा से ज्यादा खबर देने की चाहत ने मीडिया की विश्लेषणात्मक शक्ति को समाप्त–सा कर दिया है। जो चीज जब जहाँ और जिस रूप में दिखाई दे रही है उसको उसी रूप में तुरन्त पेश कर देने के लिए आज टीवी चैनल्स बेताब नज़र आते हैं। वे उन तथ्यों की तरफ गौर नहीं कर रहे कि दिखाई देने वाले घटनाक्रम के पीछे सच्चाई क्या है? जरूरत है कि खबरों का विश्लेषण हो, उसकी सत्यता की जाँच हो और फिर खबर आम आदमी के सामने एक रिपोर्ट की तरह पेश की जाए, एक फैसले की तरह नहीं। मीडिया की भूमिका समाज सुधारक व समाज के पथ–प्रदर्शक की हो ताकि लोगों को सही और गलत का अंदेशा हो जाए और यह निर्णय आम आदमी पर ही छोड़ दिया जाए कि वो कौन–सा रास्ता चुनना चाहता है। मीडिया में काम करने वालों को यह बात अच्छी तरह से मालूम होती है कि आम आदमी की समझ कैसी है और किसी भी मुद्दे पर आम लोगों का क्या नजरिया और प्रतिक्रिया रहेगी? ऐसी स्थिति में मीडिया की जिम्मेदारी है कि वह समाज में शान्ति, सद्भावना व एकता कायम करने का माहौल बनाए और अपने सकारात्मक रूख को पेश करे और जब वर्तमान में हर तरफ अव्यवस्था, अशांति और अराजकता का माहौल है तो मीडिया की जिम्मेदारी और ज्यादा हो जाती है।

पिछले कुछ दशकों में जहाँ मीडिया की ताकत बढ़ी है, वहीं मीडिया के भीतर पत्रकारों की ताकत घटी है। आज मीडिया की सफलता में पत्रकारिता से अधिक महत्व पूँजी और व्यवसायिक सूझ–बूझ को दिया जाता है। पूँजी और मुनाफे की इस दौड़ में वे लोग पीछे छूटते गए जो मीडिया को व्यवसाय कम, मिशन अधिक मानते थे। जबकि, वे लोग मीलों आगे निकल गए जिन्होंने

मुनाफे को अपना मुख्य लक्ष्य बनाया। आज जितने भी बड़े मीडिया समूह हैं उनमें यही लोग हैं। समाज के लिए बाजारीकरण और केन्द्रीयकरण की प्रवृत्तियाँ हानिकारक हो सकती हैं। लेकिन, इनके लिए यह बड़े काम की चीज़ है क्योंकि, इससे उन्हें विज्ञापन रूपी मदिरा की प्राप्ति होती है। समाज का हित इस वर्ग को तभी तक दिखाई देता है जब तक उसके मुनाफे पर असर न पड़ता हो। सत्ता पर अपने प्रभाव का इस्तेमाल कर अपना मुनाफा बढ़ाने में इसे कोई संकोच नहीं है। यह सत्ता पर अंकुश रख कर ही संतुष्ट नहीं है। इसे तो सत्ता में परोक्ष रूप से भागीदारी भी चाहिए। अपनी इन्हीं प्रवृत्तियों के कारण इन बड़े मीडिया समूहों से किसी सार्थक सामाजिक बदलाव में मदद की उम्मीद करना बेमानी हो गया है।

समाज के लिए समर्पित इस मीडिया को मजबूत करने की जिम्मेदारी भी समाज को ही उठानी होगी। आज आवश्यकता एक ऐसे केन्द्रीय संस्थान की है जो समाज के सम्मिलित प्रयास से चल रही पत्र–पत्रिकाओं को उच्चस्तरीय प्रकाशन सामग्री उपलब्ध कराने के साथ ही आवश्यक विपणन एवं तकनीकी सहयोग भी दे। उनकी नीतियों में तालमेल बिठाए और उनके लिए वह सब कुछ करे जिससे वे सार्थक सामाजिक बदलाव के सशक्त माध्यम बन सकें। उनमें इतनी ताकत आ जाए कि वे धीरे–धीरे दैनिक अख़बार, इलेक्ट्रॉनिक चैनल और रेडियो के क्षेत्र में भी मजबूती के साथ स्वयं को स्थापित कर सकें। अधिकतर लोगों के लिए ये बातें कपोल कल्पना हो सकती हैं। लेकिन, यदि सही लोग सही दिशा में काम करें तो यह सब संभव है। जब ऐसा होगा तब पत्रकारिता का अर्थ बदल जाएगा। मीडिया लोकतंत्र का चौथा स्तम्भ होने की बजाय लोकतंत्र की छत बन जाएगा, जिसकी छाया में समाज प्रगति की नित नई ऊँचाइयाँ छूएगा।

21

पत्रकारिता और साहित्य

डॉ. आभा तिवारी, कुमारी किरण वर्मा

पत्रकारिता अभिव्यक्ति का सम्पूर्ण विज्ञान है। यह दैनिक जीवन और मानव जिज्ञासा का सूत्रधार है। मानव जो कुछ भी देखता है उसे अन्य व्यक्तियों को बतलाना चाहता है, साथ ही सबकी बातों को जानना चाहता है। किसी घटना को परखना और उसका वर्णन करना मानव–आत्मा की एक सहज प्रवृत्ति है। इसी भावाभिव्यक्ति की प्रवृत्ति के कारण जन–माध्यम का आविष्कार हुआ। दूसरे शब्दों में कहा जा सकता है कि जिस प्रकार ज्ञान प्राप्ति की उत्कंठा, चिन्तन एंव अभिव्यक्ति की आकांक्षा ने भाषा को जन्म दिया ठीक उसी प्रकार समाज में एक–दूसरे के कुशल–क्षेम जानने की प्रबल इच्छा शक्ति ने पत्रों के प्रकाशन को बढ़ावा दिया। इस प्रकार परिस्थितियों के अध्ययन, चिन्तन–मनन और आत्माभिव्यक्ति की प्रवृत्ति तथा 'सब जन हिताय-सब जन सुखाय' के प्रति व्यग्रता ने पत्रकारिता को जन्म दिया।

समाचारों का संकलन उनका प्रसारण, लेखन, विज्ञापन की कला एवं पत्र का व्यवसायिक संगठन पत्रकारिता है। 'पत्रकारिता' अंग्रेजी शब्द 'जर्नलिज्म' का अनुवाद है। 'जर्नलिज्म' शब्द 'जर्नल' से बना है जिसका अर्थ है 'दैनिक'। अर्थात् पत्रकारिता एक जीवन्त माध्यम है जो हमारे विविधवर्णी जीवन की तथा दैनिक घटना और प्रसंगों और तुरन्त प्रस्तुत करने की अनन्त क्षमताएँ रखता है। पत्रकारिता ही वह माध्यम है जिसके द्वारा हम विश्व जीवन में जुड़ जाते हैं। विद्वान इन्द्र

विद्यावाचस्पति जी तो पत्रकारिता को पाँचवा वेद मानते हैं उनका कहना है कि, "पत्रकारिता 'पाँचवा वेद है जिसके द्वारा हम ज्ञान–विज्ञान सम्बंधी बातों को जानकर अपने बंद मस्तिष्क को खोलते हैं।" वहीं दूसरी तरफ डॉ0 अर्जुन तिवारी का मानना है कि – "समय और समाज के संदर्भ में सजग रहकर नागरिकों में दायित्व बोध कराने की कला को पत्रकारिता कहते हैं। ज्ञान और विचारों को समीक्षात्मक टिप्पणियों के साथ शब्द, ध्वनि तथा चित्रों के माध्यम से जन–जन तक पहुँचाना ही पत्रकारिता है। यह वह विधा है जिसमें सभी प्रकार के पत्रकारों के कार्यो, कर्त्तव्यों और लक्ष्यों का विवेचन होता है।

प्रारंभ में जंगलों में रहने वाले लोग आग जलाकर धुँए के माध्यम से तथा विभिन्न संकेतों के माध्यम से समाचार भेजते थे। कालान्तर में शिलालेख, भोजपत्रों, हरकारों, वाहनों आदि की सहायता ली गई। प्रेम संदेश के लिए कबूतर भी उड़ाये जाते रहे हैं। संसार में हर क्षेत्र में वैज्ञानिक परिवर्तन का प्रभाव पड़ा इसी के परिणामस्वरूप पत्रकारिता के माध्यम में भी अनेक आश्यर्चजनक परिवर्तन हुए। जिनमें प्रमुख हैं:– रेडियो पत्रकारिता दूरदर्शन पत्रकारिता, वीडियो पत्रकारिता, फोटोग्राफी पत्रकारिता, सैटेलाइट पत्रकारिता, ट्रांसप्यूटर पत्रकारिता आदि। पत्रकारिता, नित्य परिवर्तित होते सामयिक जनजीवन, भौतिक घटनाचक्र, राष्ट्रीय एंव अन्तर्राष्ट्रीय कार्य–कलापों का संकलन एंव प्रस्तुतीकरण मात्र नहीं है, यह कला व्यापक जन संवेदना, पारदर्शी मानवीय अनुभूतियों एंव अमूर्त भावनाओं को संप्रेषित करने का विश्वसनीय लोकप्रिय जन माध्यम भी है। सार रूप में पत्रकारिता अनदेखी सामयिक घटनाओं एवं दृष्टिगोचर होने वाली समाचारों का बिना लाग–लपेट के निष्पक्ष विवरण ही नहीं, वरन् समाचारों एंव विचारों में व्याप्त मानवीय अनुभूतियों का संवेदनशील सम्मूर्तन भी है। आज पत्रकारिता लोकमानस में किसी जन–मान्यता या जनाकांक्षा का निर्माण कर जनजागरण के लिए रूप एवं वाणी देती है। वह किसी ह्दय विदारक त्रासदी या अन्याय आदि से संबंधित तथ्यों को बेनकाब कर जनमानस को सचेत करती है। अमेरिकन इनसाइक्लोपीडिया ने पत्रकारिता के स्वरूप को समझाते हुए लिखा है कि 'जर्नलिज्म' फ्रेंच शब्द 'जर्नी' से व्युत्पन्न है, जिसका अर्थ होता है – एक–एक दिवस का कार्य या उसकी विवरणिका प्रस्तुत करना। पत्रकारिता दैनिक जीवन की घटनाओं और उसके आधार पर प्रकाशित पत्रों की संवाहिका होती है। इसमें घटनाओं, तथ्यों, व्यवस्थापरकता के साथ–साथ राजनीतिक, सामाजिक, धार्मिक और कलात्मक संदर्भो की प्रस्तुति होती है।

(1) प्राध्यापक (हिन्दी) – शासकीय दूधाधारी बजरंग महिला स्नातकोत्तर महाविद्यालय रायपुर (छ0ग0)
(2) शोधछात्रा (हिन्दी) – शासकीय दूधाधारी बजरंग महिला स्नातकोत्तर महाविद्यालय रायपुर (छ0ग0)

पत्रकारिता साहित्यकार की पहली सीढ़ी रही है। साहित्य की विविध विधाएँ पत्रकारिता से ही पल्लवित हुई हैं। प्रसिद्ध साहित्यकार बालकृष्ण राव के शब्दों में, "समसामयिक परिवेश से किसी न किसी रूप में प्रत्येक लेखक प्रेरणा ग्रहण करता है, चाहे वह साहित्यकार हो या पत्रकार । दोनों ही लेखक हैं, दोनों हीं सर्जनाकार हैं, दोनों के कार्य किन्हीं ऐसे गुणों की अपेक्षा करते हैं, जो दोनों के लिए अपरिहार्य है – अनाविल दृष्टि, चिन्तन–लेखन में प्रेषणीयता की शक्ति। पत्रकारिता तात्कालिकता के माध्यम से शाश्वत की साधना है। शाश्वत की साधना साहित्यकार और पत्रकार दोनों का अभीष्ट है। नाम दो हैं पर सूक्ष्म निरीक्षण किया जाय तो पत्रकार एवं साहित्यकार में कोई अंतर नहीं हैं। दोनों देश और काल के आयामों पर अपनी–अपनी विशिष्ट परंपराओं के अतिरिक्त उस संश्लिष्ट, सांस्कृतिक परंपरा, उस सामाजिक चेतना से संबद्ध है, जिसमें उन्हें अपनी बात औरों के प्रति निवेदित करने की प्रेरणा और शक्ति मिलती है अर्थात् साहित्य और पत्रकारिता दोनों की मूल चेतना भूमि एक ही है। किन्तु दोनों के कार्य क्षेत्र भिन्न–भिन्न हैं, फिर भी दोनों एक ही काम को अलग–अलग ढंग से करते हैं। "प्रत्येक पत्रकार अंशतः साहित्यकार भी है, प्रत्येक साहित्यकार अनिवार्यतः पत्रकार भी।"

हिन्दी साहित्यकारों का हिन्दी पत्रकारिता से पुराना नाता रहा है जैसे भारतेन्दु हरिशचंद्र, आचार्य महावीर प्रसाद द्विवेदी, माखनलाल चतुर्वेदी, मुंशी प्रेमचंद, माधवराव सप्रे एंव आचार्य शिवपूजन सहाय आदि। 1920 से प्रारंभ 'सरस्वती' से लेकर आद्यतन अनेक साहित्यिक पत्रिकाएँ निकली हैं, जिन्होंने हिन्दी को बड़े–बड़े, साहित्यकार प्रदान किये हैं; जैसे – 'समालोचक', 'माधुरी', 'चाँद, 'सुधा', 'हंस', 'कल्याण', आदि पत्र–पत्रिकाओं के माध्यम से प्रसाद, पंत, निराला, महादेवी वर्मा, जैनेन्द्र कुमार, सुभद्रा कुमारी चौहान, भगवतीचरण वर्मा, हजारीप्रसाद द्विवेदी, अज्ञेय आदि अनेक साहित्यकार प्रकाश में आये। हिन्दी साहित्यकारों ने समय–समय पर हिन्दी पत्रकारिता में अपना योगदान दिया है। साहित्यकारों के मार्गदर्शन में पत्रकारिता ने भी नई ऊँचाइयों को प्राप्त किया है। साहित्य और पत्रकारिता में

जब सम्मिश्रण होता है तब पत्रकारिता सूचना ही नहीं जनशिक्षण और संस्कृति कां उत्थान का भी माध्यम बनकर उभरती है। स्थूल एंव सूक्ष्म के अवलोकन एवं विवेचन में साहित्यकार सफल होता है परन्तु पत्रकारिता भी उससे पीछे नहीं रहता। पत्रकार साहित्यकार की भाँति ही हर व्यक्ति के स्वर की गहराई, उसके अंतर्द्वंद्व, उसकी रामत्व और रावणत्व शक्तियों को उचित रूप से नापने–परखने में समर्थ रहता है। अपनी कल्पनाशीलता, भावप्रवणता; अनुभूति, विवेक, बुद्धि, तर्क तथा विश्लेषण – क्षमता के कारण पत्रकार और साहित्यकार दूरबीन का काम करते हैं। अत्यधिक संवेदनशीलता और कल्पनाशीलता के कारण कभी–कभी साहित्यकार का पैर धरातल पर नहीं पड़ता परंतु पत्रकार तो यथार्थ की दुनिया का यथार्थ अवलोकन एवं अंकन करता है । भावुकता साहित्यकार का अपना गुण होता है लेकिन पत्रकार तो तात्कालिक यथार्थ को परखता तथा संभावनाओं को सूचित करता है। प्रारंभ में साहित्यकार अपनी फुटकर रचनाएँ पत्रों में प्रकाशित करवाता है और आलोचना समालोचना से उसका मनोबल बढ़ता है तथा बाद में वह साहित्य सृजन में रम जाता है। श्री हरेश मिश्र के अनुसार "सर्वोत्तम पत्रकारिता साहित्य और सर्वोत्तम साहित्य पत्रकारिता है।" बर्नार्ड शॉ ने कहा था कि "कुशल पत्रकार साहित्यकार से भिन्न नहीं है। अगर साहित्य का काम सरकार को ठीक–ठीक देखना व परखना है, तो पत्रकार का काम वही है।" पत्रकारिता की विधा से जब साहित्य जुड़ता है तो पत्रकारिता भाषा के स्तर पर समृद्ध होती है और सामाजिक सरोकारों से भी सहज रूप से जुड़ जाती है।

पत्रकारिता जो की लोकतंत्र का स्तंभ है, जिसकी समाज के प्रति एक अहम् भूमिका होती है, ये समाज में हो रही बुराइयों को जनता के सामने लाता है तथा उन बुराइयों को खत्म करने के लिए लोगों को प्रेरित करता है। पत्रकारिता समाज और सरकार के प्रति एक ऐसी मुख्य कड़ी है, जो कि समाज के लोगों और सरकार को आपस में जोड़े रखती है। पत्रकारिता के विकास के सम्बंध में यह कहा जाता है कि 19वीं शताब्दी के पूर्वान्ह में भारतीय कला, संस्कृति, साहित्य तथा उद्योग धंधो को ईस्ट इंडिया कम्पनी ने नष्ट कर दिया था, जिसके कारण भारत में निर्धनता व दरिद्रता का साम्राज्य स्थापित हो गया। इसे खत्म करने के लिए कुछ बुद्धिजीवियों ने समाचार–पत्र का प्रकाशन किया। पत्रकारिता वास्तव में जीवन में हो रही विभिन्न क्रियाकलापों व गतिविधियों की जानकारी देता है। वास्तव में पत्रकारिता वह है जो तथ्यों की तह तक जाकर उसका निर्भिकता से विश्लेषण करती है और अपने

साथ सुसहमति रखने वाले व्यक्तियों और वर्गों को उनके विचार अभिव्यक्ति करने का अवसर देती है।

पत्रकारिता और साहित्य में उतना ही अंतर मानना चाहिए जितना की सुगम संगीत और शास्त्रीय संगीत में है। पत्रकारिता और साहित्य में कहीं अंतर है तो वह शैली का पत्रकार समास शैली का अभ्यस्त होता है जबकि साहित्यकार व्यास शैली अपनाता है। एक अलंकृत शैली से अपने को दूर रखता है तो दूसरा इसी शैली को आत्मसात् करता है। उपर्युक्त अन्तर मात्र शैली का अन्तर है। वास्तव में सत्य के संचयन, विवेचन और प्रकाशन में पत्रकार तथा साहित्यकार एक समान है। साहित्य सृजन एवं सूक्ष्म रस–बोध की दिशा में दोनों एक हैं, दोनों एक–दूसरे के पूरक हैं। इसीलिए तो बर्नार्ड शॉ ने ठीक ही कहा है कि "शाश्वत साहित्य के लिए पत्रकारिता अवरोध नहीं बल्कि सहायक आधार है।"

अंततः यह कहा जा सकता है कि पत्रकारिता शुरुआती दौर में एक मिशन के रूप में सामने आयी थी लेकिन आज बदलते बाजारवाद संस्कृति के बीच यह शुद्ध रूप से व्यवसाय बन चुका है। फिर भी पत्रकारिता की ताकत को कोई चुनौती नहीं दे सकता और भारतीय परिप्रेक्ष्य में तो इसकी भूमिका को भुलायी नहीं जा सकती। पत्रकार, साहित्यकार, राजनेता, समाजसुधारक या यों कहे कि अभिव्यक्ति की लड़ाई में शरीक सभी ने इसे हथियार बनाकर अपनी आवाज बुलंद की। राजनीतिक, सांस्कृतिक, भाषाई, जाति, धार्मिक, खेल, वैज्ञानिक पत्रकारिता एक ओर जहाँ अपनी प्रखरता दिखा रही थी वहीं साहित्यिक पत्रकारिता भी अछूती नहीं रही।

संदर्भ ग्रंथ सूची–

1. तिवारी डॉ अर्जुन – आधुनिक पत्रकारिता – विश्वविद्यालय प्रकाशन वाराणसी – तृतीय संस्करण–1999।
2. जैन डॉ. संजीव कुमार – पत्रकारिता सिद्धांत और स्वरूप, कैलाश पुस्तक सदन, भोपाल – संस्करण 2005।
3. avakhbhumi.wordpress.comè2012è01è25èसाहित्य पत्रकारिता के।

22

भाषा मीडिया और भारत

कुमारी सीमा चौबे, कुमारी कंचनबाला रामटेके

भाषा शब्द संस्कृत की 'भाष' धातु से बना है, जिसका अर्थ होता है 'बोलना'। अतः मनुष्य की सार्थक व्यक्त वाणी को भाषा कहा जाता है। यह वह साधन है जिसके द्वारा मनुष्य अपने विचार दूसरों पर भली भाँति प्रकट कर सकता है और दूसरों के विचार स्पष्टतया समझ सकता है। भाषा ही हमारे विचारों और भावों को मुखरित करती है। कथ्य और तथ्य को सार्थकता प्रदान करती है। व्यक्ति को समाज में गुंफित करने का उत्कृष्ट साधन भाषा है और समाज को राष्ट्र के रूप में समेटने का प्रधान उपादान भी भाषा है। प्रयोग में एक ही भाषा बहुरूपी या विषमरूपी होती है। डॉ. रामकुमार गरवा ने भाषा के विषय में अपने विचार व्यक्त करते हुए सत्य ही कहा है – **"यदि भाषा का स्वरूप हमारे सामने नहीं होता तो न साहित्य होता और न आनंद ही। अतः भाषा वह शक्ति है जो व्यक्ति को जीवन प्रदान करती है।"** भाषा के माध्यम से ही संवादों की योजना होती है। भाषा अपने देश की संस्कृति एवं सभ्यता से अनुप्राणित होती है। आदिकाल से अब तक भाषा अनेक परिवर्तन के दौर से गुजरी है। आज पूरा विश्व एक बड़े परिवर्तन के दौर से गुजर रहा है। विकास के पथ पर अग्रसर भारत भी इससे अछूता नहीं है। प्रत्येक स्वतंत्र व सम्प्रभु राष्ट्र की अपनी एक भाषा होती है। भारतेंदु हरिश्चंद्र का यह कथन एंक वाक्य में ही देश के लिए भाषा के महत्व को

स्पष्ट कर देता है कि – **"निज भाषा उन्नति अहै, सब उन्नति को मूल"** अर्थात् प्रत्येक देश की अपनी भाषा उस देश की ऐतिहासिक विरासतों को सांस्कृतिक आयामों के रूप में व्यक्त करती है इसलिए भाषा की उन्नति में ही देश की उन्नति है।

आज का समय भूमण्डलीकरण और सूचना–संचार की क्रांति का समय है। पिछले दशक से संचार तकनीकों का बहुत तेजी से विकास हुआ है जिसने सूचनाओं, विचारों, संवादों, सामाजिक – सांस्कृतिक मूल्यों एवं आदर्शों के मुक्त प्रवाह को बल प्रदान किया है। मीडिया का शाब्दिक अर्थ 'माध्यम' होता है। यह सूचना प्राप्त करने वाले एवं सूचना प्रेषित करने वाले के मध्य एक माध्यम का कार्य करता है। जब इससे अधिकाधिक लोग जुड़ने लगते हैं तो इसे मासमीडिया कहा जाता है। इसे प्रमुखतः तीन वर्गों, क्रमशः मुद्रण माध्यम, इलेक्ट्रॉनिक माध्यम एवं नव इलेक्ट्रॉनिक माध्यम में विभाजित किया जाता है। मुद्रण माध्यम के अंतर्गत समाचार–पत्र, पत्रिकाएँ, पैम्फलैट, पोस्टर, जनरल पुस्तकें आदि आती हैं। इलेक्ट्रॉनिक माध्यम के अंतर्गत रेडियो, टेलीविजन एवं सिनेमा आते हैं। नव इलेक्ट्रॉनिक माध्यम इन्टरनेट है। इलेक्ट्रॉनिक मीडिया के परिणामस्वरूप भारत में पश्चिमी संस्कृति का तेजी से अंतर्प्रवाह हुआ है। नव उदारवादी अर्थशास्त्र बाजार व व्यापार को प्रमुखता देते हुए राष्ट्रों, समाजों और अंतर्राष्ट्रीय संगठनों की नीतियाँ निर्धारित कर रहा है। यदि इस दृष्टि से भी देखें तो हम सबके लिए यह जानना रोचक है कि दुनिया में मन्दारिन भाषा बोलने वाले लोग सर्वाधिक हैं और हिन्दी मन्दारिन के बाद दूसरे स्थान पर है। हिन्दी भाषा इस प्रकार एक संभावनाशील, महत्वपूर्ण और बड़ी भाषा बनकर वैश्विक मानचित्र पर शान से उभरती है। किसी भी देश की व्यापार की कार्यप्रणाली भी तभी गति पकड़ती है जब लेन–देन का काम उपभोक्ता या खरीददार की भाषा में किया जाए। इस लिहाज से हिन्दी की स्थिति भारत में ही नहीं, वरन् पूरी दुनिया में महत्वपूर्ण है। भारत में लाखों लोग इंटरनेट का उपयोग कर रहें हैं। कम्प्यूटर क्रांति के इस युग में जब ई–मेल, ई–कामर्स, ई–बिजेनस और सब कुछ 'ई' मय हो गया है, हम अंतर्राष्ट्रीय हिन्दी दिवस मनाकर कितना ही खुश क्यों न हो लें पर हकीकत यह है कि हिन्दी न केवल अंतर्राष्ट्रीय स्तर पर बल्कि राष्ट्रीय स्तर पर भी पिछड़ती जा रही है। धीरे–धीरे अंग्रेजी हम पर हावी हो

रही है। इसका एकमात्र प्रमुख कारण यह है कि भारत भी अंतर्राष्ट्रीय क्षेत्रों से होने वाली प्रतिस्पर्धाओं में पीछे नहीं रहना चाहता।

(1) शोध छात्रा – हिन्दी विभाग – शा. दूधाधारी बजरंग महिला स्नात्कोत्तर महाविद्यालय, रायपुर (छ0ग0)

(2) शोध छात्रा – हिन्दी विभाग – शा. दूधाधारी बजरंग महिला स्नात्कोत्तर महाविद्यालय, रायपुर (छ0ग0)

वास्तव में औद्योगिक एवं आर्थिक विकास, विकसित दूरसंचार एवं सूचना तत्व के बिना संभव नहीं है। संचार क्रांति के महानायक बिल गेट्स का मानना है कि भारत सूचना प्रौद्योगिकी की दृष्टि से दुनिया की महाशक्ति बन गया है। भारतीय कम्प्यूटर विशेषज्ञों की विदेशों में बढ़ती हुई माँग इस तथ्य का द्योतक है कि भारतीय प्रौद्योगिकी संस्थानों के कम्प्यूटर इंजीनियर दुनिया में बेजोड़ हैं, परंतु दुःख की बात तो यह है कि इस तकनीक में अंग्रेजी का अधिक प्रयोग होने के कारण यहाँ का आम आदमी यह नहीं जानता कि मीडिया की मदद से वह अपने जीवन को कितना बेहतर बना सकता है। मीडिया उद्योग मूलतः निर्यात प्रधान है और यह निर्यात अधिकांशतः अंग्रेजी भाषी क्षेत्रों में हो रहे हैं ऐसे में हिन्दी की उपेक्षा स्वाभाविक है। वर्तमान में कम्प्यूटर सूचना क्रांति जो भारत में आ रही है वह मोटे तौर पर दक्षिण के राज्यों में केंद्रित है इसलिए यदि अंग्रेजी को छोड़कर अन्य भाषा का सवाल उठता है तो वह क्षेत्रीय भाषा हो सकती है पर हिन्दी की संभावनाएँ नगण्य है। फरवरी 2000 में इन्फॉरमेशन टेक्नॉलाजी के मैनिफैक्चर एसोसियेशन (मैट) और इंडियन इस्टीट्यूट ऑफ इंफारमेशन टेक्नॉजाली, बंगलौर के द्वारा एक अध्ययन किया गया जो भारतीय भाषाओं में सॉफ्टवेयर विकसित करने की संभावनाओं का पता लगाने के लिये था। इसकी रिपोर्ट के अनुसार हिन्दी के पिछड़ने के कई कारण सामने आए। इनमें प्रमुख कारण यह है कि आज हिन्दी का कोई एक की–बोर्ड और फॉंट स्टैण्डर्ड का नहीं माना जा रहा है और ढेर सारे फौण्ट्स प्रचलन में हैं, जिसकी वजह से व्यक्ति अलग–अलग वर्गों में बँट जाते हैं और काम करने में असुविधा होती है। अंग्रेजी भाषा में वर्णो की संख्या 26 है। इन वर्णो को ही मात्राओं के रूप में प्रयोग किया जाता है जबकि हिन्दी में इसकी संख्या दुगुनी है और मात्राओं के लिए भी विशेष चिन्ह हैं। निष्कर्ष

रूप में यही कहा जा सकता है कि तकनीकी कारणों से हिन्दी असुविधाजनक सिद्ध हो रही है।

विदेशों में पैसा अधिक मिलने के कारण भारतीय सॉफ्टवेयर इंजीनियर्स भी विदेश जाना अधिक पसंद करते हैं और विदेश जाने के लिए उन्हे अंग्रेजी का ज्ञान होना अनिवार्य है ऐसे में हिन्दी का नुकसान होना स्वाभाविक है। स्थित यह है कि टूटी–फूटी अंग्रेजी बोलना आज पिछड़ेपन का प्रतीक है तो वहीं टूटी–फूटी हिन्दी बोलना समृद्धि, अंग्रेजियत व आधुनिकता की परिचायक है। यद्यपि कुछ क्षेत्रों में सरकार ने जनता को शिक्षित और जागरूक बनाने के लिए क्षेत्रीय भाषाओं में छोटे–छोटे वाक्यों व सरल शब्दों में गीतों के माध्यम से कुछ ऐसे कार्यक्रम बनाए हैं जो भाषा की मदद से मीडिया के द्वारा किया जा रहा शांति व विकास की दिशा में एक सराहनीय प्रयास है। मीडिया वास्तव में एक माध्यम है जिसका प्रमुख कार्य संप्रेषण है। मीडिया को अपनी बातों को आम जनता तक पहुँचाने के लिए एक जनभाषा की आवश्यकता होती है। इस समय जितनी भाषाएँ भारत में प्रचलित हैं उनमें हिन्दी भाषा ही सारी जगह प्रचलित है ऐसी स्थिति में संचार की भाषा में यदि हिन्दी को प्रमुखता दी जाए तो संप्रेषण की गति तीव्र हो सकती है। इंटरनेट की मदद से जब हम भारतीय भाषाओं की खोज करते हैं तो विश्व के लोकप्रिय सर्च इंजन गूगल, याहू हमारे रास्ते प्रशस्त अवश्य करते हैं लेकिन एक दुखद परिणाम भी सामने आता है कि हिन्दी की ठोस जानकारियों का अभाव है। अनेक खोजों का परिणाम शून्य निकलता है। जानकारियाँ उपलब्ध भी हैं तो अधूरी और बिखरी हुई हैं। हिन्दी अख़बार पूरी तरह 'अपडेट' नहीं है। पत्रिकाओं के पुराने अंक ही उपलब्ध हैं। प्रकाशन संस्थाओं, साहित्यिक सरकारी व गैर सरकारी संस्थाओं की वेबसाइटें अंग्रेजी में हैं। सूचना प्रौद्योगिकी विभाग की जो हिन्दी की बेवसाइटें हैं, उनकी तकनीकी भाषा बड़ी कठिन है। सार्थक प्रयासों में विकीपीडिया अवश्य एक अच्छा प्रयास है। संचार एक गतिशील प्रक्रिया है इसलिए संचार के उन माध्यमों का महत्व बढ़ाना भी लाजिमी है जो आज इस तेज रफ्तार गतिशीलता से संगति बैठाने में कामयाब हों। विल्बर स्रैम जैसे विद्वानों का यह मानना है कि उस मीडिया के चुनाव की संभावना अधिक होती है जहाँ पर उपयोगकर्ता को सर्वाधिक

संतुष्टि का वायदा मिलता हो और इस संतुष्टि को प्राप्त करने के लिए जहाँ उसे कम–से–कम प्रयास करने पड़ते हों।

भारतीय समाज वैश्विक होड़ में मास सोसायटी में परिवर्तित हो रहा है। इस सभ्यता पर बाजार का नियंत्रण है, यन्त्रों व इलेक्ट्रॉनिक साधनों का प्रवाह है। अंग्रेजी का वर्चस्व इतना जबरदस्त है कि युग पीढ़ी की दैनिक भाषा 'संकर भाषा' बन गयी है। टी.वी., मोबाइल, इंटरनेट के जरिये वैश्विक मानकों की स्थापना हो रही है। मीडिया की भूमिका इसलिए भी महत्वपूर्ण होती है, क्योंकि यह न केवल सूचना के प्रसार का कार्य करता है, बल्कि लोगों को किसी मुद्दे पर अपनी राय कायम करने में भी सहायक होता है।

'मीडिया विमर्श' (अक्टूबर–दिसंबर 2011) से मिली जानकारी के अनुसार भारत सरकार की ओर से जारी एक परिपत्र में देश की राजभाषा को सरल–सुगम बनाने के लिए उसे 'आमजन की भाषा' बनाने का फरमान जारी कर दिया। आमजन की भाषा में उर्दू–फारसी–तुर्की शब्दों के साथ अंग्रेजी भाषा भी शामिल है। किसी भी भाषा को किस अंश तक शामिल किया जाए उसका कोई निश्चित मापदंड निर्धारित नहीं है। 'प्रचलन' में उतरे मीडिया के शब्दों में 'भोजन' की जगह 'लंच' 'क्षेत्र' की जगह 'एरिया', 'महाविद्यालय' की जगह 'कॉलेज', छात्र की जगह 'स्टूडेंट्स' नियमित की जगह 'रेगुलर' व 'उच्च शिक्षा' की जगह 'हायर–एजुकेशन' आदि–आदि का प्रयोग क्या वास्तव में भाषा के सरलीकरण में सहायक होगा? इस परिपत्र में यह बात भी स्पष्ट की गई कि साहित्यिक भाषा के इस्तेमाल से उस भाषा–विशेष की ओर से आम–आदमी का रुझान कम हो जाता है और उसके प्रति मानसिक–विरोध बढ़ता है। परिपत्र पढ़ते ही अंग्रेजी अख़बारों की सुर्खियाँ बनी– ''हिंग्लिश गेन्स ग्राउंड इन इंडिया'', ''हिंग्लिश विल बी द ऑफिशियल लैंग्विज ऑफ इंडिया''। आदि। इन शीर्षकों में वस्तुतः अंग्रेजी–विजय की ही प्रतिध्वनियाँ हैं। भाषा को साहित्यिक रूप प्रदान करने में युगों लग जाते हैं परंतु उसे सरलतम रूप प्रदान करने के लिए दूसरी भाषाओं के शब्दों का प्रयोग वायरस का काम करता है जो उसके मूल रूप को नष्ट कर सकता है। पूरी बीसवीं शताब्दी में अफ्रीकी महाद्वीप की भाषाओं का खात्मा भी इसी तरह हुआ था। अंग्रेजी की शुरुआत वहाँ एफ.एम. रेडियो के जरिए संगीत

व मनोरंजन के माध्यम से हुई थी। स्थानीय भाषाओं में अंग्रेजी के मिक्स से भाषा–रूप बनाया गया था जिसनें वहाँ की युवा–पीढ़ी को उसका दीवाना बना दिया था। हमारे भारत में भी रि–लिंग्विफिकेशन की शुरूआत हो चुकी है। सरल–सरल का यह खेल जो मीडिया की मदद से देश की प्रत्येक पीढ़ी को आकर्षित कर रहा है उनके भाषिक विवेक को संक्रमित कर रहा है यह खेल हमें कितना महँगा पड़ सकता है यह उक्त उदाहरण द्वारा स्पष्टतया समझा जा सकता है। तकनीकी उन्नति की कीमत समाज को पारंपरिक शिष्टाचार या सलीके को गँवाने के रूप में चुकानी पड़ रही है। जनसंचार की अवधारणा को स्वस्थ व संतुलित किस आधार पर माना जाए विश्व की संस्कृति निर्माण के आधार पर अथवा स्वभाषा–संस्कृति की रक्षा के आधार पर? यह एक बड़ा प्रश्न है।

भाषा की समस्या भारत में निश्चित रूप से जटिल हो रही है। अगर सरकार व मीडिया से जुड़े लोगों ने समय रहते सही निर्णय नहीं लिया तो निश्चित रूप से सारी भारतीय भाषाएँ महत्वहीन हो जाएँगी। हमें वही समझ में आएगा जो कम्प्यूटर समझेगा। आने वाली पीढ़ी इंटरनेट विशेषज्ञ तो होगी पर उसे अपनी मातृभाषा का उपयोग करने का अवसर संभवतः कभी नहीं मिलेगा और सभी भारतीयों को एक बार फिर अंग्रेजी की दासता स्वीकार करनी पड़ेगी। हमारे संविधान के सत्रहवें भाग के अनुच्छेद 343 के अंतर्गत कहा गया है कि – "संघ की राजभाषा हिन्दी और लिपि देवनागरी होगी।" इसके अलावा – "संघ के शासकीय प्रयोजनों के लिए प्रयोग होने वाले भारतीय अंकों का अंतर्राष्ट्रीय रूप होगा।" अनुच्छेद 351 के तहत संघ पर यह कर्तव्य भी आरोपित किया गया था कि वह हिन्दी के शब्द–भण्डार के लिए मुख्यतः संस्कृत से और गौणतः अन्य भाषाओं से शब्द ग्रहण करते हुए उसकी समृद्धि सुनिश्चित करे। प्रसार भारती से संबंधित अधिनियमों में भी निगम के उद्देश्यों में – ग्रामीण और जनता के दुर्बल वर्गों तथा सीमावर्ती पिछड़े और दूरस्थ क्षेत्रों के निवासियों की सेवा करना तथा ऐसी रीति से प्रसारण करना जिससे राष्ट्रीय अखंडता का संवर्धन हो और भारत की भाषाओं के संपर्क को सुकर बनाया जा सके। आदि प्रमुख हैं। भारत के सभी लोगों को विकास से जोड़ना है तो हिन्दी को कम्प्यूटर के अनुकूल ढालना होगा और हिन्दी में तमाम व्यवस्थाएँ विकसित करनी होगी। तकनीक और बाजार की प्रगति के चलते

'लीला' (एल.आई.एल.ए. यानी लर्न इण्डियन लैंगवेजेज विद आर्टिफिशियल इण्टेलीजेंसी) जैसे सॉफ्टवेयर विकसित किए गए हैं। इसी तरह और भी प्रयास करने होंगे। श्रम प्रधान इस देश में प्रश्न टेक्नॉलॉजी का कम और मानवीय प्रयासों का सोच अधिक है। क्या मीडिया और विकास की दौड़ में हम अपनी उस भाषा को लुप्त कर दें जिसने अपनी विकास यात्रा मात्र चौंसठ वर्षों में पूरी कर ली थी और उस भाषा को अपना लें जिसे अपनी यात्रा पूरी करने में पाँच सौ वर्ष लगे! 'जय हिन्द' के नारे के साथ–साथ 'जय नागरी' का नारा भी बुलंद करना होगा क्योंकि मसला केवल हिन्दी भाषा का नहीं बल्कि संपूर्ण भारतीय भाषाओं का है।

संदर्भ ग्रंथ सूची–

1. द्विवेदी शंभुनाथ – भाषा विज्ञान एवं हिन्दी भाषा – विवेकी प्रकाशन इलाहाबाद – संस्करण – 1993।
2. सं. कालिया रविन्द्र – नया ज्ञानोदय – भारतीय ज्ञानपीठ प्रकाशन– अंक – 82 दिसंबर – 2009।
3. डॉ. जैन संजीव कुमार – पत्रकारिता सिद्धांत और स्वरूप – कैलाश पुस्तक सदन, भोपाल। संस्करण – 2005।
4. डॉ सिंह श्रीकांत – मीडिया विमर्श – 428 रोहित नगर शेषवन भोपाल – वार्षिकांक – दिसंबर – 2011।